고래사냥

鯨とり

対訳シナリオで学ぶ韓国語

脚　本：崔仁浩
編訳注：林原圭吾

白水社

고래사냥 **KORESANYANG**
© 黄奇性事團 Huang Ki Sung Sadan
This book is published in Japan by arrangement with Huang Ki Sung Sadan
through Nishigaharajimakusha Co., Ltd.

"BYUL RI"
Words and Music by KIM SOO CHOEL
©by LIVING SOUND PRODUCTIONS
Rights for Japan assigned to WATANABE MUSIC PUBLISHING CO., LTD

"NADOUYA KANDA"
Words and Music by KIM SOO CHOEL
©by LIVING SOUND PRODUCTIONS
Rights for Japan assigned to WATANABE MUSIC PUBLISHING CO., LTD

日本音楽著作権協会（出）1200815-201

写真・画像提供　© 黄奇性事團
エディトリアルデザイン　阿部賢司（silent graph）

まえがき

　1988年のソウルオリンピックをきっかけに韓国に興味を持った私が、東京外国語大学の朝鮮語学科に入学したのは、1994年のことでした。当時キャンパスは北区西ヶ原にありました（現在は府中市に移転）。1,2年次には専攻語の授業が週6コマあり、予習復習を含めると、毎日3,4時間、韓国語の勉強をしていたことになります。
　授業の中身はというと、1年次には「朝鮮語の入門」その他の入門書で、語基式と呼ばれる文法を習得。2年次になると、「朝鮮語初級読本」という内部教材を使い、実際に使われている韓国語を片っ端から文法的に分析する、というものでした。この「読本」には、諸先生方がそれぞれの観点から選んだ、膨大な数の文章が収められており、新聞記事や学術論文、詩や小説、手書きの手紙や漫画などもありました。
　それから十数年、私は韓国語の映像翻訳に特化した会社、西ヶ原字幕社を立ち上げ、社員を採用・育成してきましたが、映像翻訳者としてやっていける韓国語能力や、韓国に対する知識がある人は、なかなか見つかりません。「彼らと自分の間で、何が違うのか」――そう考えた時、頭に浮かんだのが、この「読本」の存在でした。長く韓国に携わってこられた先達が選んだ、さまざまなジャンルの文章に接することで、人々の言語活動を分析的に捉える能力はもちろん、韓国に携わる者であれば「これは知っておかねばならない」という、背景知識の数々が自然に身についたからです。
　そんな折、わが西ヶ原字幕社で、1984年の韓国映画「鯨とり」のDVDを制作・発売することになりました。原作となる小説を書いたのは、韓国の文壇を代表する作家、崔仁浩（チェ・イノ）、メガホンをとるのは巨匠裵昶浩（ペ・チャンホ）、主演は「国民俳優」安聖基（アン・ソンギ）、さらに韓国屈指のロックギタリストである金秀哲（キム・スチョル）が主演と音楽を担当。文学界・映画界・音楽界を横断する、まさに80年代韓国の文化遺産と呼ぶにふさわしい作品です。
　80年代の韓国といえば、軍事政権と民主化運動のせめぎあいが激化していた頃。この映画も一部では、民主化へのメッセージが込められている、といった解釈がなされたりもしました。作り手の意図を超えて、そうした解釈がなされてしまうこと自体、この映画が1980年代の韓国という「磁場」の中で生まれた証ではないかと思います。
　この「磁場」こそ、私が「これは知っておかねばならない」と思う背景知識の宝庫です。そこで、この映画のシナリオを文法的に解説しつつ、そうした「磁場」にも体系的にアプローチできるような教材を作ろうと思いつきました。「鯨とり」の世界を堪能したい皆さんへのガイドブックとしても、韓国語の上達を目指す人の読本としても、韓国社会を体系的に理解したい人の入門書としても、はたまた韓国語の映像翻訳のテキストとしても、有益なものとなると信じています。
　作業を手伝ってくれた、東京外国語大学朝鮮語専攻の矢島ゆりかさん、滝口聡子さん、大蔵絢子さんに、この場を借りて謝意を伝えたいと思います。

2012年2月　林原圭吾

目次

はじめに……………………………………………… 3

目次…………………………………………………… 4

監督・俳優…………………………………………… 6

作品解説……………………………………………10

文法解説について…………………………………11

Chapter 1 …………………………………15
　コラム：ビョンテの悩み

Chapter 2 …………………………………29
　コラム：80年代の韓国はドラマチック

Chapter 3 …………………………………37
　コラム：経済発展と都市中間層

Chapter 4 …………………………………47
　コラム：健全歌謡

Chapter 5 …………………………………63
　コラム：2つの「鯨とり」

Chapter 6 ……………………………………73
　コラム：小さな巨人

Chapter 7 ……………………………………85
　コラム：「鯨とり」に鯨は出てきません

Chapter 8 ……………………………………97
　コラム：知ってほしい韓国翻訳の泣き所

Chapter 9 ………………………………… 109
　コラム：差別語を考える

Chapter 10………………………………… 119
　コラム：カクソリ打令

Chapter 11………………………………… 131
　コラム：字幕版と吹き替え版

Chapter 12………………………………… 137
　コラム：「ナドヤ　カンダ」と「別離」

あとがき………………………………… 147

俳優・監督

アン・ソンギ（安聖基）
〈世捨て人の「親分」ミヌ役〉

1952年1月1日、大邱市生まれ。映画人の父親の関係で1957年『黄昏列車』でデビュー。『十代の反抗』(1959)でサンフランシスコ映画祭特別演技賞（子役）を受賞し、天才子役と称される。70作以上の作品に出演。学業を優先し15歳で映画界から離れる。韓国外国語大学ベトナム語学科卒業後、『兵士と娘たち』(1977)で復帰する。イ・ジャンホ監督『風吹く良き日』(1980)で大鐘賞新人賞を受賞し、以後イム・グォンテク、イ・ジャンホ、ペ・チャンホ監督作品に主演し続け、1980年代韓国ニュー・ウェーブの精神的支柱として国際的評価を確立する。その演技力と50年に及ぶキャリア、誠実な人柄で絶大な信望を得て、「国民俳優」として敬愛されている。

代表作：『黄昏列車』(1957／キム・ギヨン監督)、『十代の反抗』(1959／キム・ギヨン監督)、『下女』(1960／キム・ギヨン監督)、『あの丘を越えて』(1960／パク・ソンボク監督)、『お母さん安心して下さい』(1961／キム・ファラン監督)、『母子草』(1962／パク・ソンボク監督)、『兵士と娘たち』(1977／キム・ギ監督)、『風吹く良き日』(1980／イ・ジャンホ監督)、『曼陀羅』(1981／イム・グォンテク監督)、『鉄人たち』(1982／ペ・チャンホ監督)、『霧の村』(1982／ペ・チャンホ監督)、『赤道の花』(1983／ペ・チャンホ監督)、『鯨とり』(1984／ペ・チャンホ監督)、『ディープ・ブルー・ナイト』(1985／ペ・チャンホ監督)、『誰が龍の爪を見たのか』(1991／カン・ウソク監督)、『ホワイトバッジ』(1992／チョン・ジヨン監督)、『トゥー・カップス』(1993／カン・ウソク監督)、『太白山脈』(1994／イム・グォンテク監督)、『永遠なる帝国』(1995／パク・チョンウォン監督)、『眠る男』(1995／小栗康平)、『祝祭』(1996／イム・グォンテク監督)、『キリマンジャロ』(2000／オ・スンウク監督)、『MUSA‐武士‐』(2001／キム・ソンス監督)、『ピアノを弾く大統領』(2002／チョン・マンベ監督)、『シルミド』(2003／カン・ウソク監督)、『ARAHAN/アラハン』(2004／リュ・スンワン監督)、『ラジオスター』(2006／イ・ジュニク監督)、『光州5・18』(2007／キム・ジフン監督)『けがれなき愛／フェア・ラブ』(2009／シン・ヨンシク監督)、『第7鉱区』(2011／ユン・ジェギュン監督)

キム・スチョル（金秀哲）
〈さえない大学生ビョンテ役〉

　1957年4月7日生まれ。70年代末、大学生バンドグループ「小さな巨人」で颯爽と登場し、小さな体から繰り出される情熱的なサウンドとステージングで多くのファンを熱狂させる。80年代にはソロ歌手としても活躍し、「咲かなかった花一輪」「若き君よ」「ナドヤカンダ（我も行かん）」など、数多くのヒット曲を生む。1986年アジア競技大会、1988年ソウルオリンピック、2002年日韓FIFAワールドカップ開幕式などの国際的なイベント音楽の作曲と音楽監督を担当。2004年にはソウル歌謡大賞・ライブ賞を受賞。映画音楽も精力的にこなし、本作の他に、『チルスとマンス』(1987／パク・クァンス監督)、『シルバースタリオン』(1991／チャン・ギルス監督)、『風の丘を越えて』(1993／イム・グォンテク監督)、『太白山脈』(1994／イム・グォンテク監督)、『祝祭』(1996／イム・グォンテク監督)などがある。映画出演を果たしたのは本作のみ。

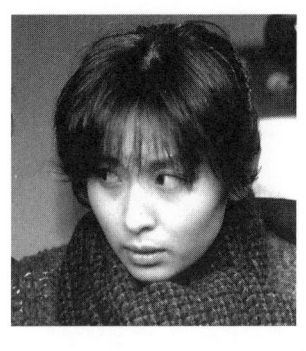

イ・ミスク（李美淑）
〈失語症の少女チュンジャ役〉

　1960年4月2日忠清南道生まれ。1978年ミスロッテ選抜大会を通じて芸能活動を始め、1980年『火の鳥』（イ・ギョンテ監督）で大鐘賞・新人賞を受賞して注目される。1984年『その年の冬は暖かかった』（ペ・チャンホ監督）で大鐘賞・女優主演賞を受賞。その後多くの話題作に出演し、1980年代の韓国映画界を席巻した。結婚後、映画界を離れていたが、1998年『情事』（イ・ジェヨン監督）で、年下男性と愛しあう人妻役を演じ、中年女性の心理を繊細に表現し、好評を得て以後、第二の全盛期を迎えている。
代表作に『野生馬』(1982／ユ・ドンフン監督)、『変な関係』(1983／イ・ドゥヨン監督)、『桑の葉』(1985／イ・ドゥヨン監督)、『冬の旅人』(1986／カク・チギュン監督)、『有情』(1987／キム・ギ監督)、『二人の女の家』(1987／カク・チギュン監督)、『ベサメムーチョ』(2001／チョン・ユンス監督)、『スキャンダル』(2003／イ・ジェヨン監督)、『お熱いのがお好き』(2008／クォン・チリン監督)など

イ・テグン（李大根）
〈ヤクザの兄貴分役〉

1943年7月1日生まれ。韓国を代表する名バイプレーヤー。1968年『第3地帯』（チェ・ムリョン監督）でスクリーンデビュー後、70年代は恵まれた体躯を生かし任侠映画、アクション映画で大活躍した。1980年『カッコーは夜中に鳴く』（チョン・ジヌ監督）では大鐘賞・男優主演賞ほか、賞を総なめにし話題となる。『桑の葉』（1985／イ・ドゥヨン監督）では、『鯨とり』に続いてイ・ミスクと共演し、息の合ったところを見せた。娯楽映画の顔として一世を風靡し、100本以上の映画に出演。2006年には『イ・テグン、イ・テグン』（シム・クァンジ監督、主演イ・テグン）という映画が作られるほど韓国で愛されている俳優である。
代表作：『長雨』（1979／ユ・ヒョンモク監督）、『シムバッタ』（1979／チョン・ジヌ監督）、『カッコーは夜中に鳴く』（1980／チョン・ジヌ監督）、『桑の葉』（1985／イ・ドゥヨン監督）、『ジャガイモ』（1987／ピョン・ジャンホ監督）

ペ・チャンホ（裵昶浩）
監督

1953年5月16日大邱生まれ。少年の頃から映画ファンで、延世大学在学中に8ミリ映画や演劇を手掛ける。卒業後、総合商社のナイロビ支店長を務めるが、映画の夢が捨て切れず帰国。高校の先輩にあたるイ・ジャンホ監督の助監督になる。1982年、ソウルのスラム街に生きる人々を描いた『コバン村の人々』で大鐘賞・監督賞、韓国演劇映画芸術賞・監督賞を受賞して華々しいデビューを果たす。以後アン・ソンギとともに80年代韓国ニュー・ウェーブの潮流を確固たるものにしてゆく。
代表作『コバン村の人々』（1982）『鉄人たち』（1982）『赤道の花』（1983）『鯨とり』（1984）『その年の冬は暖かかった』（1984）『ディープ・ブルー・ナイト』（1985）『黄真伊』（1986）『素晴らしきわが青春の日々』（1987）『神様こんにちは』（1987）『夢』（1990）『天国への階段』（1991）『若い男』（1994）『ラブストーリー』（1996）『情』（1999）『黒水仙』（2001）『道』（2004）　など
（2011年公開時、太泰株式会社製作パンフレットより転載）

作品解説

映画「鯨とり」は1984年に韓国で公開され、その年の映画興行成績第一位（ソウルだけで42万人動員）を記録する、ヒット作となりました。同年の映画評論家協会賞で最優秀作品賞、監督賞、百想芸術大賞で大賞、作品賞、演技賞（アン・ソンギ）、新人賞（キム・スチョル）を受賞。特筆すべきは、この作品が現在まで語り継がれ、観続けられていることです。韓国映像資料室というNPO団体が2011年1月に実施した、歴代最高の韓国の青春映画を選ぶアンケートで、この映画が1位に輝いたことからも、韓国での評価の高さがうかがえます。

こうした評価の理由を考える時、この映画が興行的に成功した＝大衆ウケしたことは、抑えておきたいところです。昔の韓国映画というと、風刺めいていたり哲学めいていたりと、眉間にしわを寄せながら観るような作品も少なくありませんでした。これに対して「鯨とり」は、物語が分かりやすい。ベタな話と言っても過言ではありません。しかし、ベタであることと陳腐であることは違います。この映画は、観る者に様々な解釈を喚起させる懐の深さも併せ持っています。

そんな解釈のひとつが、「民主化運動のメタファー説」。1984年と言えば、韓国では軍事政権と民主化を求める運動との対立が激化していました。この映画も一部では、「口のきけない少女は、言論の自由のメタファーで、政治的に目覚めていない学生と厭世に走るインテリ層が力を合わせて、これを取り戻す」というメッセージと受け止められました。作り手は、「ウケる映画を作って一発当てよう」としか考えていなかったようですが、そんな作り手が、そう解釈されうる映画を作ってしまう、あるいは作

り手の意図を超えて、そうした解釈がなされること自体、この映画が名作であることの証ではないかと思います。

　監督は「80年代最高の興行監督」の異名をとる裵昶浩（ペ・チャンホ）。彼と切っても切り離せないのが、小説家・崔仁浩（チェ・イノ）と俳優・安聖基（アン・ソンギ）です。崔仁浩は韓国の文壇を代表する小説家。鋭い批判精神で産業社会のひずみに切り込む一方、新聞の連載小説を執筆するなど、大衆作家としても知られています。安聖基は確かな演技力と人望の厚さから「国民俳優」と呼ばれる俳優です。2011年には、村山俊夫さんの手による評伝『アン・ソンギ―韓国「国民俳優」の肖像』が出版されましたので、こちらもご参照を。文壇と映画界の第一人者であるこの3人は、これ以降も「ディープ・ブルー・ナイト」「神様こんにちは」などでタッグを組んでいますが、彼らのほとばしる才能が、本作を名作に仕立て上げたことは、間違いないでしょう。

　そのほとばしる才能に、韓国屈指のロックギタリスト、金秀哲（キム・スチョル）が加わっている点が重要です。ロックから伝統音楽までを縦横無尽に駆け回る彼の音楽世界に、ロック好き、音楽好きならきっと感じるものがあるはずです。なお、チュンジャ役の李美淑（イ・ミスク）は押すに押されぬ中堅俳優として現在もドラマや映画で活躍中。ヤクザを演じる李大根（イ・デグン）は70〜80年代にアクション映画に多数出演している、アクションスターでもあります。

文法解説について

　この本における韓国語の文法解説は、語基式と呼ばれる考え方に依拠しています。
　語基式の一番のポイントは、用言（動詞・形容詞）が活用（変化）するという点、逆にいえば、用言でないものは活用（変化）しないという点です。
　例えば、받다（受け取る）という他動詞は、次に来る語尾に従い、받고、받으면、받아서と変化します。韓国の教育機関、およびそれに倣う多くの教育機関で教えられる文法（「伝統式」と呼んだりします）では、これを、用言の語幹に終声（パッチム）がある場合、고であればそのまま고、면であれば으면、서であれば아서／어서を付ける、と考えます。
　これに対して語基式では、変化（活用）するのは用言であると考え、語尾である면や서は変化しないと考えます。この받、받으、받아の部分を語基と呼びます。これによって用言は第Ⅰ、第Ⅱ、第Ⅲ語基の3種類に活用することになり、면や서などの語尾は、そのうちのどれかにつく、ということになります。

　【伝統式】**받** - 고、**받** - 으면、**받** - 아서
　【語基式】**받** - 고、**받으** - 면、**받아** - 서
　（太字部分が用言、細字部分が語尾）

　お気づきのとおり、伝統式と語基式の違いは、用言と語尾の線引きの違いでしかありません。
　活用ですが、基本的には上述したとおり、第Ⅰ語基は基本形から다をとったもの、第Ⅱ語基は、Ⅰの最後の音に終声がある時、으を付けたもの、第Ⅲ語基はⅠの最後の音の母音が陽母音（아／오）であれば아、陰母音（それ以外）であれば어を付けたものです。この規則通りに活用するものを正格活用と呼びます。

	用言	Ⅰ	Ⅱ	Ⅲ	コメント
陽母音	받다（受け取る）	받	받으	받아	가다（行く）、자다（寝る）などのⅢは、가아、자아 が縮まり가、자になります。
陰母音	읽다（使う）	읽	읽으	읽어	
終声なし	오다（来る）	오	오	오아→와	
終声なし	지다（負う）	지	지	지어→져	

規則通りに活用しないものを変格（変則）用言と呼びます。代表的なものを以下に挙げてみます。

用言		Ⅰ	Ⅱ	Ⅲ	注意点
ㄹ語幹	알다（知る）	알 / 아	알 / 아	알아	ㅅㅂㅇㄴで始まる語尾が続く時、ㄹが落ちる
으語幹	쓰다（使う）	쓰	쓰	써	바쁘다（忙しい）など
르変格	모르다（知らない）	모르	모르	몰라	Ⅲでㄹが追加される
ㅂ変格	춥다（寒い）	춥	추우	추워	形容詞に多い
ㅅ変格	짓다（作る）	짓	지으	지어	Ⅱ、Ⅲでㅅが落ちる
하다	하다（する）	하	하	해	

　この考え方に慣れると、丸暗記しなければいけないことが減りますし、細かな事項、例えば命令の라は、通常は第Ⅲ語基に付くが、引用や伝達部分では第Ⅱ語基に付く、といったことも整理して理解することができます。
　また、文法と音声の関係も意識すると、丸暗記しなければいけない事項はさらに減ります。例えば、どの語尾がどの活用につくかは、語尾の最初の子音である程度予想がつきます。ㄱやㄷやㅈといった歯音や舌音、口蓋音であればⅠ、면のような唇音であればⅡのように。私は「文法なんて所詮、韓国人の発音しやすいようにできている」と思っています。
　私はこの本を、語基式で韓国語を習ったことがない人にこそ、活用してもらえれば本望です。韓国語をひと通り習ってはみたけれど、どうも伸び悩んでいる。とはいえ、今までやってきた勉強をもう一度やるのはつまらない。そんな時、語基という新しい視点で、自分が今まで勉強してきた韓国語をとらえ直してみるのも一興かと思います。
　末尾ながら、本書の構成を説明します。見開き2ページで、左側に原文シナリオとそれに対応する日本語吹き替え版。右ページに文法解説と直訳を載せました。本書の文法解説は、菅野裕臣著『コスモス朝和辞典』（白水社）に準拠しています。辞書というより文法書として有用なこちらも、韓国語学習のお供にぜひ。

略語・略記一覧

Ⅰ	第Ⅰ語基
Ⅱ	第Ⅱ語基
Ⅲ	第Ⅲ語基
名	名詞
不完名	不完全名詞
代	代名詞
数	数詞
自	自動詞
他	他動詞
助	助動詞
存	存在詞
形	形容詞
副	副詞
接	接続詞
間	間投詞
用尾	用言語尾
尾	語尾
接尾	接尾辞

Chapter 1

🎬 ミスター人文学部コンテスト

[1] **사회자:** 다음은 엔트리 넘버 19번 철학과 김병태군.

司会者： エントリーナンバー19番、哲学科キム・ビョンテ君。

🎬 大学

[2] **병태:** 나는 평범한 대학생입니다.
아침에 일어나 우유한잔 마시고
지하철에 메달려 학교에 옵니다.
시험때면 연필을 굴려 정답을 찾고
휴강만을 바라는 한심하기 짝이없는
대학생입니다.

인생은 어디서 와서 어디로 가는가를
알고싶어 철학과에 들어왔지만
아직 관상수상은 커녕
주간지에 나오는 벌거벗은 여배우의
몸매만 보아도
가슴이 떨리고 숨이 가빠지는
유치한 대학생입니다.

내가 지독하게 짝사랑하는
여학생이 있습니다.
난 그애한테 동정을 바치고 싶습니다.
왜냐하면 난 어릴때부터
내 동정을 바치는 여자와
결혼하려고 결심했었기 때문입니다.
그치만 난 그 여자한테 동정은 커녕

ビョンテ： 僕は平凡な大学生です。
朝起きて牛乳を飲んでから
地下鉄に揺られ学校に行きます。
大学では試験の答えは当てずっぽう
休講を待ち望む
情けないダメ学生です。

人間として、いかに生きるべきかを
知りたくて、哲学科に入ったものの
悟りなど程遠く
週刊誌に載っている、女性の裸を目にしただけで
ドキドキして息が上がる
幼稚な大学生です。

ある女性を熱烈に
片想いしています。
初めての相手は彼女であってほしい。
なぜなら僕は
初めての女性と一生添い遂げると
前から心に決めているからです。
だけど 彼女はそんな僕に

① 다음(名 次)+은(尾 …は)、엔트리 넘버(名 エントリーナンバー)+19번(助数 …番)、
철학과(名 哲学科)、김병태(人名 キムビョンテ)+군(接尾 …君)。
「次はエントリーナンバー19番、キムビョンテ君。」

② 나(代 私)+는(尾 …は)、평범하다(形 平凡だ)のⅡ+ㄴ(用尾 形容詞の非過去連体形)、
대학생(名 大学生)+이다(指 …だ)のⅠ+ㅂ니다(用尾 …です)。
「僕は平凡な大学生です。」

아침(名 朝)+에(尾 …に)、일어나다(自 起きる)のⅢ、우유(名 牛乳)、한(数 一つの)+잔(名数 …杯)、마시다(他 飲む)のⅠ+고(用尾 …し)、지하철(名 地下鉄)+에、
매달리다(自 ぶら下がる)のⅢ、학교(名 学校)+에、오다(自 来る)のⅡ+ㅂ니다。
「朝起き、牛乳一杯飲んで、地下鉄にぶら下がり、学校に来ます。」

시험(名 試験)+때(名 時)+면(用尾 …ならば)、연필(名 鉛筆)+을(尾 …を)、
굴리다(他 転がす)のⅢ、정답(名 正答)+을、찾다(他 探す)のⅠ+고。
「試験の時には、鉛筆を転がし正答を探して」

휴강(名 休講)+만(尾 …だけ)+을、바라다(他 願う)のⅠ+는(用尾 動詞の非過去連体形)、
한심하다(形 情けない)のⅠ+기(用尾 …であること)、짝(名 一対のものの片方)+이(尾 …が)、
없다(存 ない)のⅠ+는 대학생+이다のⅡ+ㅂ니다。
「休講ばかりを願う、情けないことこの上ない大学生です。」

인생(名 人生)+은、어디(代 どこ)+서(尾: 에서의 縮約形:…から)、오다のⅢ+서(用尾 …して)、
어디+로(尾 …へ)、가다(自 行く)のⅠ+는가(用尾 …のか)+를(尾 …を)、알다(他 知る)のⅠ+고
+싶다(Ⅰ+고 싶다の形で:…したい)のⅢ、철학(名 哲学)+과(名 科)+에、들어오다(自 入る)のⅢ
+ㅆ(用尾 過去)のⅠ+지만(用尾 …だが)。
「人生はどこから来て、どこへ行くのかを知りたくて哲学科に入ったけれど」

아직(副 まだ)、관상수상(名 観相手相)+은커녕(尾 …どころか)。
「まだ観相手相はおろか」

주간지(名 週刊誌)+에、나오다(自 出てくる)のⅠ+는、벌거벗다(自 裸になる)のⅡ+ㄴ(用尾 過去連体形)、여배우(名 女俳優)+의(尾 …の)、몸매(名 体)+만、보다(他 見る)のⅢ+도(用尾 …しても)。
「週刊誌に出てくる裸になった女優の体を見ただけで」

가슴(名 胸)+이(尾 …が)、떨리다(自 震える)のⅠ+고、숨(名 息)+이、
가쁘다(形 苦しい)のⅢ+지다(接尾 …になる)のⅠ+는、유치하다(形 幼稚だ)のⅡ+ㄴ、대학생+이다のⅡ+ㅂ니다。「胸が震えて息が苦しくなる幼稚な大学生です。」

내(代 私)+가(尾 …が)、지독하다(形 ものすごい)のⅠ+게(用尾 …するように)、짝사랑(名 片想い)+하다(他 する)のⅠ+는、여학생(名 女子学生)+이、있다(存 いる)のⅠ+습니다(用尾 …ます)。
「僕が熱烈に片想いする女子学生がいます。」

나+ㄴ(尾 는의 縮約形)、그(冠 その)+애(名 子)+한테(尾 …に)、동정(名 童貞)+을、
바치다(他 捧げる)のⅠ+고、싶다のⅠ+습니다。
「僕はその子に童貞を捧げたいです。」

왜(副 なぜ)+냐(用尾 …か)+하다(他 いう)のⅡ+면、나+ㄴ、어리다(形 幼い)のⅡ+ㄹ(用尾 未来連体形)+때+부터(尾 …から)、내(代 私의)、동정+을、바치다のⅠ+는、

17

관심조차 끌지 못하는
바보 병태입니다.

난 허수아비 대학생이었습니다.
난 이제 새로운 세계를 찾아
떠나겠습니다.

삽입곡 : [나도야 간다]
봄이 오는 캠퍼스
잔디밭에
팔벼게를 하고누워
편지를 쓰네
떠난사람 꽃잎위에
못다쓴 사랑
종이비행기 만들어
날려 버렸네

振り向くそぶりさえ見せようとはし
ません。

自分が嫌になりました。
今日、新しい世界を探して、
旅に出ます。

挿入歌 [ナドヤ カンダ]
春が来たキャンパスの
芝生に寝そべり
腕を枕に
手紙を書くよ
好きだった あの人に
伝えきれなかった気持ち
紙飛行機にして
空に飛ばしたよ

警察の留置所

[3] **여인 :** 어젯밤 10시경이었어요.
제가 일을 끝내고 집으로 들어가는데
글쎄 이 남자가 제게 다가와서는
잠깐만 시간을 내 달라는 거였어요.
해롭게 굴 사람 같지도 않고,
차나 한잔 하자는 바람에 따라갔더니
글쎄 다짜고짜 여관방으로
끌고가지 않겠어요?

女 : 夜の十時頃でした。
仕事を終えて家に帰る道で
そこの、この男が近づいてきて
お茶でも飲もうと言ってきました。
悪い人でもなさそうなので
お茶くらいならと思ってついて行っ
たらいきなり、ホテルに連れ込まれ
たんです。

여자(名 女)+와(尾 …と)。
「なぜかといえば僕は幼い時から童貞を捧げる女と」

결혼(名 結婚)+하다의Ⅱ+려고(用尾 …しようと)、결심(名 決心)+하다의Ⅲ+ㅆ었(用尾 結果が残っていない過去…した)의Ⅰ+기(用尾〔体言形〕…すること)+때문(不完名 訳)+이다의Ⅱ+ㅂ니다.
「結婚しようと決心しているからです」

그치만(→그렇지만 接 だけど)、나+ㄴ、그+여자+한테、동정+은커녕.
「だけど僕はその女に童貞どころか」

관심(名 関心)+조차(尾 …さえ)、끌다(他 引く)의Ⅰ+지、못하다(他 …できない)의Ⅰ+는、바보(名 ばか)、병태(人名)+이다의Ⅱ+ㅂ니다.
「関心さえ引くことができない、バカなビョンテです。」

나+ㄴ、허수아비(名 かかし、役立たず)、대학생+이다의Ⅲ+ㅆ의Ⅰ+습니다.
「僕はダメ大学生でした。」

나+ㄴ、이제(副 今)、새롭다(形 新しい)의Ⅱ+ㄴ、세계(名 世界)+를、찾다의Ⅲ、떠나다(他 発つ)의Ⅰ+겠(用尾〔蓋然性〕…しよう)의Ⅰ+습니다.
「僕は今新しい世界を探し、旅に出ます。」

歌詞の文法説明は省略(コラム参照)

③어젯밤(名 昨夜)、10(数 10)+시(名数 時)+경(接尾 …頃)+이다의Ⅲ+ㅆ의Ⅲ+어요(用尾 …します)。
「昨夜10時頃でした。」

제(代 わたくし)+가、일(名 仕事)+을、끝내다(他 終える)의Ⅰ+고、집(名 家)+으로、들어가다(自 入って行く)의Ⅰ+는데(用尾 …するが).
「私が仕事を終えて、家へ帰っていたら」

글쎄(間 はて)、이(冠 この)、남자(名 男)+가、제+게(尾 …に)、다가오다(自 近づいて来る)의Ⅲ+서는(用尾 して).
「はて、この男が私に近づいて来て」

잠깐(副 しばらく)+만、시간(名 時間)+을、내다(他 出す)의Ⅲ、달라다(他 …してくれ)의Ⅰ+는、거(→것 不完名 …)+이다의Ⅲ+ㅆ의Ⅲ+요.
「少し時間をくれというのでした。」

해롭다(形 有害だ)의Ⅰ+게、굴다(自 振る舞う)의Ⅱ+ㄹ、사람(名 人)、같다(形 同じだ)의Ⅰ+지도(用尾 …も)、않다(形 …でない)의Ⅰ+고、차(名 茶)+나(尾 …でも)、한+잔、하다의Ⅰ+자(用尾 …しよう)+는、바람(名 風)+에(*連体形+바람에で〜する拍子に)、따라가다(他 ついて行く)의Ⅲ+ㅆ+더니(用尾 …すると).
「悪い人でもなさそうで、茶でも一杯飲もうというものだからついて行くと」

글쎄、다짜고짜(副 いきなり)、여관방(名 旅館の部屋)+으로、끌다의Ⅰ+고+가다의Ⅰ+지、않다의Ⅰ+겠의Ⅲ+요.
「何と、いきなり旅館の部屋へ引きずり込むじゃありませんか?」

④ 남자1 : 여관방 좋아하시네.
⑤ 남자2 : 여관방이라구?
⑥ 여인 : 입닥쳐 이 자식아.
⑦ 남자2 : 뭐? 내가 니 아들이라구?

⑧ 형사계장 : 시끄러워. 누가 떠들었어?
⑨ 남자2 : 죽었습니다.
⑩ 형사계장 : 조용히 해. 조용히.
그래서? 계속해봐.
⑪ 여인 : 절 여관으로 데리고 가서는...

⑫ 여인 : 보세요. 이렇게 시퍼렇게
멍든 자국이 아직도 있잖아요.
⑬ 형사계장 : 이 여자 손 문게 사실이야?
⑭ 병태 : 네. 그렇지만 그래서 문게 아닙
니다.
사실은...이 여자가 술에취해 길거리
에 쓰러져 있길래 도와주고 싶어서 여
관으로 데려갔습니다.
그리고 나서 잠이 들었어요.

男1：何がホテルだよ。
男2：よく言うぜ。
女：あんたらうるさいわよ
男2：おい、嘘も大概にな。

刑事：うるさいぞ。誰だ騒いだのは？
男2：死にましたぜ。
刑事：静かにしろ。
それで そのあとは？
女：ホテルの、部屋で私を…

女：見て。ここを噛まれたの、跡が
アザになってるでしょ。
刑事：手を噛んだのは事実か？
ビョンテ：ええ。ですが
今の話は違う。
じ、実は… この人が酔って道で倒
れてたので介抱しようとホテルに入
りました。
気づいたら、眠っていました。

④여관방、좋아하다(他 …を好む)의Ⅱ+시(接尾〔尊敬〕…なさる)Ⅰ+네(用尾 …だなあ)。
「旅館の部屋?よく言うぜ。」

⑤여관방+이다의Ⅰ+라구(→라고 用尾 …だと)
「旅館の部屋だと?」

⑥입(名 口)+닥치다(他 閉じる)의Ⅲ、이、자식(名 子息)+아(尾 …よ)。
「お黙り、こいつ。」

⑦뭐(代 何)、내+가、니(→너의 縮約型)、아들(名 息子)+이다의Ⅰ+라구。
「何?俺がお前の息子だと?」

⑧시끄럽다(形 うるさい)의Ⅲ、누(代 誰)+가、떠들다(自 騒ぐ)의Ⅲ+ㅆ의Ⅲ。
「うるさい。誰が騒いだ?」

⑨죽다(自 死ぬ)의Ⅲ+ㅆ의Ⅰ+습니다。
「死にました。」

⑩조용히(副 静かに)+하다의Ⅲ、조용히。
「静かにしろ。静かに。」
그래서(接 それで)、계속하다(他 続ける)의Ⅲ+보다(助動詞 みる)의Ⅲ。
「それで?続けてみろ。」

⑪저(代 わたくし)+ㄹ(→를)、여관+으로、데리다(他 連れる)의Ⅰ+고、가다의Ⅲ+서+는。
「私を旅館へ連れて行って…」

⑫보다의Ⅱ+시의Ⅲ+요、이렇게(副 このように)、시퍼렇다(形 真っ青だ)의Ⅰ+게、멍(名 あざ)+들다(自 (あざが)できる)의Ⅱ+ㄴ、자국(名 跡)+이、아직+도(尾〔強調〕も)、있다의Ⅰ+잖다(接尾 …しない)의Ⅲ+요。
「見てください。こうして真っ青にあざができた跡がまだあるじゃないですか。」

⑬이、여자、손(名 手)、물다(他 噛む)의Ⅱ+ㄴ+게(것이의 縮約形)、사실(名 事実)+이야((指이다의 半言)…か)。
「この女の手を噛んだのは事実か?」

⑭네(間 はい)。
「はい。」
그렇다(形 そうだ)의Ⅰ+지만、그렇다의Ⅲ+서、물다의Ⅱ+ㄴ+게、아니다(指 違う)의Ⅱ+ㅂ니다。
「ですが、それで噛んだのではありません。」

사실+은。
「実は…」

이、여자+가、술(名 酒)+에+취하다(自 酔う)의Ⅲ、길거리(名 通り)+에、쓰러지다(自 倒れる)의Ⅲ、있다(助動 …いる)의Ⅰ+ㄹ래(用尾 …するので)。
「この女が酒に酔い、通りに倒れているので」

돕다(他 助ける)의Ⅲ+주다(助動 あげる)+고、싶다의Ⅲ+서、여관+으로、데려가다(他 連れて行く)+ㅆ의Ⅰ+습니다。
「助けてあげたくて旅館へ連れて行きました。」

그리고 나서(そうしてから)、잠(名 眠り)+이、들다(自 入る)의Ⅲ+ㅆ의Ⅲ+요。
「その後、眠りに落ちました。」

⑮ **여인**: 아니 누굴 도둑으로 몰아?
새빨간 거짓말이에요.
시계 같은 건 하나도 없었어요.
아까요. 순경아저씨가요.
제 몸을 다 뒤져봤다구요.

⑯ **형사계장**: 여자가 시계를 훔쳤다는
증거는 없어.
하지만 자넨 여자몸에 상처를 입혔어.
자넨 즉결재판을 받아야겠어. 들어가
있어.
그리고 아가씨말야.
혼자 밤늦게 돌아다니지 말아. 나가.

⑰ **민우**: 그 여자 팬티속을 뒤져보십시
오.
그 속에 있음직 하지 않습니까?

⑱ **남자들**: 그래 있을수도 있지.

⑲ **형사계장**: 김경장. 수색해봐.

⑳ **여인**: 선생님. 용서해주세요.
집에 애들이 아파서 그랬어요.
용서해주세요.

㉑ **형사계장**: 형사계로 넘겨.

㉒ **여인**: 잘못했어요 선생님.

女：泥棒扱いする気？
全部、真っ赤な嘘です。
時計なんか盗んでません。
だって、さっきも、お巡りさんが、
私の持ち物調べたでしょ？
刑事：時計を盗まれた証拠はない。

だがお前は人にケガを負わせた。
立件するから留置所に入ってろ。

それからあなた、
夜道には用心しろ、帰れ。
ミヌ：パンティの中は調べましたか。
そこにありそうな気がしませんか？

男たち：そうだ、ありえるな。
刑事：キム巡査、調べろ。
女：け、刑事さん、許してください
病気の子供がいまして、
つい、出来心で…
刑事：刑事係に。
女：この通りですから。

⑮누구(代 誰)+ㄹ、도둑(名 泥棒)+으로(尾 …として)、몰다(他 追う)의Ⅲ。
「誰を泥棒にするの?」

새빨갛다(形 真っ赤だ)의Ⅱ+ㄴ、거짓말(名 嘘)+이다의Ⅲ+요。
「真っ赤な嘘です。」

아까(副 さっき)+요(尾 …ですね)、순경(名 巡警)+아저씨(名 おじさん)+가+요、제(代 わたくし의)、몸(名 体)+을、다(副 皆)、뒤지다(他 あさる)의Ⅲ+보다의Ⅲ+ㅆ다구+요。
「さっきですね、巡査おじさんがですね、私の体を全部あさってみましたってば。」

⑯여자+가、시계(名 時計)+를 훔치다(他 盗む)의Ⅲ+ㅆ다는(→다고 하는의 縮約型 …だという)、증거(名 証拠)+는、없다의Ⅲ。
「女が時計を盗んだという証拠はない。」

하지만(接 けれども)、자네(代 君)+ㄴ(는의 縮約形)、여자+몸+에、상처(名 傷)+를、입히다(使 負わせる)의Ⅲ+ㅆ의Ⅲ。
「けれど君は女の体に傷を負わせた。」

자네+ㄴ、즉결재판(名 即決裁判)+을、받다(他 受ける)의Ⅲ+야겠다(用尾 …ねばならない)의Ⅲ。들어가다의Ⅲ、있다의Ⅲ(Ⅲ+있다で〜している)。
「君は即決裁判を受けねばならない。入っていろ。」

그리고(接 そして)、아가씨(名 お嬢さん)、말(名 話)+야、혼자(数 一人で)、밤(名 夜)+늦다(形 遅い)의Ⅰ+게、돌아다니다(自 歩き回る)의Ⅰ+지、말다(他 やめる)의Ⅲ、나가다(自 出て行く)의Ⅲ。
「そしてお嬢さんだが。一人で夜遅く歩き回るのはやめろ。出て行け。」

⑰그、여자、팬티(名 パンティ)+속(名 中)+을、뒤지다의Ⅲ+보다의Ⅱ+시의Ⅱ+ㅂ시오(用尾 …して下さい)。
「その女のパンティの中をあさってみてください。」

그、속+에、있다의Ⅱ+ㄹ직 하다(*Ⅱ+ㄹ직 하다で…しそうだ)의Ⅰ+지、않다의Ⅰ+습니까(用尾 …しますか)。
「その中にありそうじゃないですか?」

⑱그렇다의Ⅲ、있다의Ⅱ+ㄹ+수(名 手段)+도(尾 …も)、있다의Ⅰ+지(用尾 …するよ)(Ⅱ+ㄹ+수 있다で、…できる、…する可能性がある)。
「そうだ。ありえるな。」

⑲김(名 キム)+경장(名 警長)、수색(名 捜索)하다의Ⅲ+보다의Ⅲ。
「キム警長、捜索してみろ。」

⑳선생님(名 先生)、용서하다(他 許す)의Ⅲ+주다의Ⅱ+시의Ⅲ+요。「先生、許してください。」
집+에、애+들(接尾〔多数〕…たち)+이、아프다(形 痛い)의Ⅲ+서、그러다(自 そうする)의Ⅲ+ㅆ의Ⅲ+요、용서하다의Ⅲ+주다의Ⅱ+시의Ⅲ+요。
「家に病気の子供がいるんです。許してください。」

㉑형사(名 刑事)+계(名 …係)+로、넘기다(他 渡す)의Ⅲ。
「刑事係に渡せ。」

㉒잘못하다(他 間違える)의Ⅲ+ㅆ의Ⅲ+요、선생님。
「私が悪うございました、先生。」

㉓ **형사계장:** 자네 이리 와봐.	刑事：お前　ちょっと来い。
㉔ **민우:** 저요?	ミヌ：私？
㉕ **형사계장:** 자네 뭐하는 사람이야?	刑事：お前は何者だ？
㉖ **민우:** 거집니다.	ミヌ：乞食です。
㉗ **형사계장:** 직업이 거지야?	刑事：乞食が職業か？
㉘ **민우:** 네.직업이 거집니다.	ミヌ：はい　乞食が職業です。
㉙ **형사계장:** 자네 여기 왜 붙들려 왔어?	刑事：どうして、ここに連れてこられた？
㉚ **민우:** 동물원에서 자다가 붙들려 왔습니다.	ミヌ：動物園で寝ていて、捕まりました。
㉛ **형사계장:** 자넨 나가서 시계찾어.	刑事：時計を受け取って帰れ。
㉜ **형사계장:** 동물원이 자네 안방이야?	刑事：動物園はお前の家か？
㉝ **민우:** 전 아무데서나 잠을 잘 수 있습니다. 비가 오는 날이면 동대문에서도 잠을 잡니다. 서울은 내 이부자립니다. 아니 전국 팔도가 제 집이올시다.	ミヌ：私は、どこででも寝ることができます。雨の日には東大門の、下で寝ますし、ソウルは私の寝床、いや世界中が　私の家です。
㉞ **형사계장:** 이사람. 수상한 사람 아냐?	刑事：ふざけおって、怪しいやつだな。
㉟ **민우:** 거지는 죄를 짓지 않습니다. 우린 욕심이 없습니다. 그저 하루 세끼하고 잠자리만 해결되면 됩니다. 거지는 아무것도 가지려하지 않습니다.	ミヌ：乞食は、罪を犯しません。欲がないからです。ただ、3度の食事と寝床さえあればいいのです。乞食は何も持とうとはしません。
㊱ **형사계장:** 자네 진짜 거지라면 각설이타령 한번 해봐.	刑事：もし、本当の乞食なら乞食節を歌えるな。

Chapter 1

㉓ 자네, 이리(代 こちらへ), 오다의Ⅲ+보다의Ⅲ。
「君、こちらへ来てみろ。」

㉔ 저+요。
「私ですか?」

㉕ 자네, 뭐+하다의Ⅰ+는, 사람+이야。
「君、何をしてる人だ?」

㉖ 거지(名 こじき)+ㅂ니다。
「乞食です。」

㉗ 직업(名 職業)+이, 거지+야。
「職業が乞食か?」

㉘ 네, 직업+이, 거지+ㅂ니다。
「はい、職業が乞食です。」

㉙ 자네, 여기(代 ここ), 왜(副 なぜ), 붙들리다(受 つかまる)의Ⅲ, 오다의Ⅲ+ㅆ의Ⅲ。
「君、ここになぜつかまって来た?」

㉚ 동물원(名 動物園)+에서(尾 …で), 자다(自 眠る)의Ⅰ+다가(用尾 …して), 붙들리다의Ⅲ, 오다의Ⅲ+ㅆ의Ⅰ+습니다。
「動物園で寝ていてつかまりました。」

㉛ 자네+ㄴ, 나가다의Ⅲ+서, 시계, 찾다의Ⅲ。
「君は出て行って時計を受け取れ。」

㉜ 동물원+이, 자네, 안방(名 居間)+이야。
「動物園が君の居間か?」

㉝ 저+ㄴ, 아무데(代 どこ)+서(尾 에서의 縮約形 …で)+나, 잠+을 자다의Ⅱ, ㄹ, 수+있다의Ⅰ+습니다。
「私はどこでも眠ることができます。」

비(名 雨)+가, 오다의Ⅰ+는, 날(名 日)+이다의Ⅱ+면, 동대문(名 東大門)+에서+도, 잠+을, 자다의Ⅱ+ㅂ니다。
「雨が降る日には東大門でも眠ります。」

서울(地名 ソウル)+은, 내, 이부자리(名 布団)+ㅂ니다, 아니, 전국(名 全国), 팔도(名 八道 (朝鮮時代の全国の8つの行政区分)+가, 제, 집+이다+올시다(用尾 …でございます)。
「ソウルは私の布団です。いや、全国八道が私の家でございます。」

㉞ 이, 사람, 수상하다(形 怪しい)의Ⅱ+ㄴ, 사람, 아니야(아니다의 半言)。
「こいつ、怪しい人じゃないか?」

㉟ 거지+는, 죄(名 罪)+를, 짓다(他 作る)의Ⅰ+지, 않다의Ⅰ+습니다。
「乞食は罪を犯しません。」

우리(代 わたしたち)+ㄴ, 욕심(名 欲)+이, 없다의Ⅰ+습니다。
「我々には欲がありません。」

그저(副 ただ), 하루(名 一日), 세(数 3つの)+끼(名数 …食)+하고(尾 …と), 잠자리(名 寝床)+만, 해결(名 解決)+되다(自 される)의Ⅱ+면, 되다(自 できる)+ㅂ니다。

25

㊲ **민우**: 어얼 씨구씨구 들어간다.
저얼 씨구씨구 들어간다.
작년에 왔던 각설이가
죽지도 않고 또 왔네.

ミヌ: オルシグ、入るぞ。
オルシグ、入るぞ。
去年来た乞食が、
死にもしないでまた来たぞ。

警察署前

㊳ **민우**: 친구. 혹시
못쓰는 담배 가진거 있나?

ミヌ: おい君 ちょっと、
煙草余してないか？

㊴ **민우**: 이거 돗대아냐?
필터쪽은 자네가 피워.

ミヌ: 最後の１本か
半分ずつ吸うとしよう。

「ただ一日3食と、寝床さえ解決されればいいのです。」

거지+는、아무(代 いかなる)+것+도、가지다(他 持つ)의 ll+려(用尾 …しようと)+하다의 l+지、
않다의 l+습니다。「乞食は何も持とうとしません。」

㊱자네、진짜(副 本当に)、거지+라면(用尾 …だというならば)、각설이(名 カクソリ、門前で芸を演じ
お金をもらう乞食)+타령(名 タリョン、朝鮮民俗音楽の一つ)、한+번(名数 …回)、하다의 lll+보다
의 lll。
「君、本当に乞食だというならば、乞食節を一度やってみろ。」

㊲얼씨구(間 はやす声)、들어가다의 ll+ㄴ다(用尾 …する)。
「オルシグ、入るぞ。」

절씨구(間 はやす声、얼씨구の合いの手)、들어가다의 ll+ㄴ다。
「チョルシグ、入るぞ。」

작년(名 昨年)+에、오다의 lll+ㅆ+던(用尾 連体形、…した)、각설이+가、죽다의 l+지+도、않다
의 l+고、또(副 また)、오다의 lll+ㅆ의 l+네。
「昨年来た乞食が死にもしないでまた来たな。」

㊳친구(名 友達)、혹시(副 ひょっとして)、못(副 …できない)+쓰다(他 使う)의 l+는、담배(名 タバ
コ)、가지다의 ll+ㄴ、거、있다의 l+나(用尾〔疑問〕…か)。
「友達、ひょっとして、余してるタバコ持ってないか?」

㊴이거(代 これ)、돛대(名 帆柱、最後の一本のタバコの俗語)、아니야。
「これ最後の一本じゃないか?」

필터(名 フィルター)+쪽(不完名 ほう)+은、자네+가、피우다(他 吸う)의 lll
「フィルターのほうは君が吸え。」

ビョンテの悩み

　「鯨とり」の物語は、自分が嫌になったビョンテが、「鯨を捕まえたい」という漠然とした願望を抱くところから始まります。何者でもない我々が、何者かになりたいと願い悩む——私自身も含め、多くの人にとって身に覚えがあることでしょう。ゆえにこの映画は、27年の時を経た今なお、観る人の共感を呼び起こします。

　しかし、ビョンテの悩みと、今を生きる私たちの悩みは、本当に同質なのでしょうか。私たちは彼の悩みを理解しないまま、共感したつもりになってはいないでしょうか。そこで、ビョンテの悩みを少し遠巻きに見てみることにします。

　ビョンテは大学生です。1984年の韓国で大学まで進学できるのは全体の3割ほどでした。「全入時代」と言われる現在の日本や韓国に比べたら、選ばれしエリート。ましてや、1960年の4・19革命など、為政者の不正や圧政に対し、大学生が世論を牽引してきた歴史がある韓国ではなおさらです。

　ところが、ビョンテからそんな気概は感じられません。ビョンテは特別ダメなのでしょうか。実は韓国の大学生の数は、1981年の卒業定員制導入を機に急増します。1975年に26万人だった高等教育進学者は、1985年には138万人と実に6倍増。それによって、旧来どおり大学生は社会のリーダーであれと考える層と、そこに乗り切れず、引け目を感じる層への分化が起こります。ビョンテの自己嫌悪は、そんな時代の反映とも言えます。

　もうひとつ象徴的なのが、ビョンテが比較的裕福な家の出であることです。彼はジャケットをはおり、ジーパンを履いています。今となっては何てことない服装ですが、劇中の他の人物と比べても分かるように、当時の韓国では今以上にオシャレ＝高価なアイテムでした。同様に彼は、哲学という優雅な（＝食いぶちと直結しない）学問を専攻し、ブランド物の腕時計をはめ、川辺でビールをあおります。当時の感覚からすると、大金持ちではないにせよ、かなり恵まれている部類に入ります。

　では、「大金持ちではないが恵まれている」人は、韓国に前々からいたのでしょうか。そしてどうして、それだけでは自分が何者かの確信が得られないのでしょうか。そこで、安定した雇用と比較的高い賃金を享受する人々（＝中間層）が韓国でいつ顕在化したのかを調べると、はたせるかな、「鯨とり」の公開前後、80年代中盤です。ビョンテの悩みは、物質的な豊かさは身の回りにあふれているけれど、いや、むしろあふれているがゆえに、満たされることのない空虚に苛まれる、新興の中間層の思いだったのかもしれません。

　こうして考えると、一見個人的で平凡なものに見えたビョンテの悩みが、実は80年代の韓国だからこそ存在した、特殊なものであることが分かります。そして、それと真摯に向き合い、「鯨は自分の中にいた」という言葉を獲得した時、その言葉は圧倒的な説得力と無限の示唆——私はこれを普遍性と呼びたい——を伴って、私たちの心を揺さぶります。ビョンテ、ミヌ、チュンジャ…、彼らの生きた時代をもっと掘り下げてみませんか？そう、あなたや私の鯨とりのために。

Chapter 2

🎞 ビルの中のトイレ

① **민우**: 야 미국에서 말야
어떤 사람이 배가 아파 입원을 했는데 배를 째고 보니까 뱃속에서 스푼이 세개, 포크가 다섯개, 바늘이 열세개가 나왔다는거야.
야 이거 되게 부러운데.
나도 오늘부터 그런 걸 뱃속에 넣고 다니는 법을 연구해봐야겠는데.

② **병태**: 또 다른 기사는 없어요?

③ **민우**: 다 그게 그거야.
죽고 죽이고
사기치고 자살하고 전쟁하고…
너 혹시 널찾는 기사가 나왔나 그래서 묻고 있는거 아냐?
병태야 엄마가 몸져 누워있으니 속히 돌아오라.
근데 넌 왜 집을 나온거냐?

④ **병태**: 갑자기 제 모든 생활이 싫어졌어요.
그래서 난 새로운 모험을 하고 싶어요.

⑤ **민우**: 남극이나 북극이라도 가겠다는거야?

⑥ **병태**: 난 고래를 잡으러 나왔어요.

ミヌ：なあ、アメリカでな
腹痛で病院に運ばれたやつの、
腹を開けたらな、中から、スプーン3本、フォークが5本、針が13本出てきたらしい。
やー、そいつは、便利だろうな。
俺も腹の中に、物をしまって出歩けるようになりたいもんだ。

ビョンテ：他の記事は、ないですか？

ミヌ：あー、似たり寄ったりさ。
殺し殺され
詐欺だの、自殺だの、戦争だの
お前、親が広告でも出してないか、それで聞いてるのか？
「ビョンテよ、母が心労で倒れた至急戻ってこい」
ところでどうして、家出なんかしたんだ？

ビョンテ：急に何もかもが嫌になった。
自分を変えるような冒険がしたい。

ミヌ：南極か北極にでも行く気か？

ビョンテ：僕は鯨を捕まえたいんです。

① 야(間 おい)、미국(名 美国)+에서、말+야。
「アメリカでな。」
　어떤(冠 ある)、사람+이、배(名 腹)+가、아프다의Ⅲ、입원(名 入院)+을、하다의Ⅲ+ㅆ+는데、배+를、째다(他 裂く)의I+고、보다의Ⅱ+니까(用尾 …してみると)、뱃속(名 腹の中)+에서。
「ある人が腹が痛くて入院したんだが、腹を裂いてみると腹の中から」
　스푼(名 スプーン)+이、세(数 3つの)、포크(名 フォーク)+가、다섯(数 5つの)+개、바늘(名 針)+이、열세(数 13의)+개+가、나오다의Ⅲ+ㅆ+다+는+거+야。
「スプーンが3個、フォークが5個、針が13個が出てきたということだ。」
　야、이거、되게(副 すごく)、부럽다(形 うらやましい)의Ⅱ+ㄴ데(用尾 …のだが)。
「こいつは、すごくうらやましいぞ」
　나+도、오늘(名 今日)+부터、그런(冠 そのような)+거+ㄹ、뱃속+에、넣다(他 入れる)의I+고、다니다(自 通う)의I+는、법、방법(名 方法)+을、연구(名 研究)+하다의Ⅲ+보다의Ⅲ+야겠의I+는데。
「俺も今日からそういうものを腹の中に入れて歩く方法を研究してみなければならないな」

② 또、다르다(形 異なっている)의Ⅱ+ㄴ、기사(名 記事)+는、없다의Ⅲ+요。
「他の記事はありませんか？」

③ 다、그게(→그것이)、그거(代 それ)+야。
「皆、それがそれだ。」
　죽다의I+고、죽이다(他 殺す)의I+고、사기(名 詐欺)+치다(他 打つ)의I+고、자살(名 自殺)+하다의I+고、전쟁(名 戦争)+하다의I+고。
「死んで殺して、詐欺して、自殺して、戦争して」
　너(代 お前)、혹시、너+ㄹ、찾다의I+는、기사+가、나오다의Ⅲ+ㅆ+나、그러다의Ⅲ+서、묻다(他 問う)의I+고、있다의I+는+거、아니다의Ⅲ。
「お前、ひょっとして、お前を探す記事が出てないか、それで聞いているんじゃないか？」
　병태+야(尾 …や(呼びかけ))、엄마(名 お母さん)+가、몸+지다(自 傾く)의Ⅲ+눕다(自 横になる)의Ⅲ+있다의Ⅱ+니(用尾 …するので)、속히(副 早く)、돌아오다(自 帰ってくる)의Ⅱ+라(用尾 …しろ〔命令〕)。
「ビョンテや、お母さんが病床についているので早く帰ってこい。」
　근데(그런데의 縮約形、接 ところで)、너+ㄹ、왜、집+을、나오다의Ⅱ+ㄴ+거+냐。
「ところで、お前はなぜ家出したんだ？」

④ 갑자기(副 急に)、제、모든(冠 全ての)、생활(名 生活)+이、싫어지다(自 嫌になる)의Ⅲ+ㅆ의Ⅲ+요。
「急に全ての生活が嫌になりました。」
　그래서、나+ㄴ、새롭다의Ⅱ+ㄴ、모험(名 冒険)+을、하다의I+고、싶다의Ⅲ+요。
「それで僕は新しい冒険をしたいんです。」

⑤ 남극(名 南極)+이나、尾 …や)、북극(名 北極)+이라도(尾 …でも)、가다의I+겠+다+는+거+야。
「南極でも北極でも行くということか？」

⑦ **민우**: 야야야. 휴지있냐?
⑧ **병태**: 없어요.
⑨ **민우**: 임마 개똥철학 피우지 말구 휴지없이 밑닦을 연구나 해.

ミヌ：なあ、ちり紙あるか？
ビョンテ：ないけど。
ミヌ：ほら吹いてる暇があったらな、けつ拭くことでも考えろ。

洗面所

⑩ **민우**: 자네 혹시 못쓰는 돈 가진것 있나?
⑪ **병태**: 없는데요.
⑫ **민우**: 꼬불쳐 둔 돈도 없어?
⑬ **병태**: 없어요.
⑭ **민우**: 어디 가서 아침을 떼지?
야 닦어. 요즘엔 깨끗한 거지한테 동냥을 더 많이 주는 법이라구.
⑮ **병태**: 아저씨 진짜 거지에요?
거지치곤 꽤 잘 생겼네.
⑯ **민우**: 나? 진짜구 말구.
하늘아래 둘도 없는 진짜 거지지.

ミヌ：もしかして、余してる金はないか
ビョンテ：ないですよ。
ミヌ：じゃ、へそくりとか？
ビョンテ：ないです。
ミヌ：朝飯どうするかな。
おい、使え。最近は身なりのいい乞食が稼ぎもいいときたもんだ。
ビョンテ：おじさん本当に、乞食なの？ 随分ハンサムだけど。
ミヌ：俺か？本当だとも。
嘘もまぎれもない 乞食だとも。

街頭

민우: 하니.

외국인 남: What do you want honey?
외국인 여: I dont know it's so many thinks to do.

ミヌ：ハニー。

外国人（男）：君はどうしたい？
外国人（女）：いろいろすることがあるから、どうしようかしら。

⑥나+ㄴ、고래+를、잡다(他 つかむ)의Ⅱ+러(用尾 …しに)、나오다의Ⅲ+ㅆ의Ⅲ+요。
「僕は鯨を捕まえに来ました。」

⑦휴지(名 ちり紙)、있다의Ⅰ+냐。
「ちり紙あるか?」

⑧없다의Ⅲ+요。
「ありません。」

⑨임마(間 こいつ)、개(:犬)+똥(名 糞)、철학、피우다의Ⅰ+지、말다의Ⅰ+구(→고)、휴지+없이(副 …なしに)、밑(名 下)+닦다(他 磨く)의Ⅱ+ㄹ、연구+나、하다의Ⅲ。
「こいつ、クソ哲学ふかしてないで、ちり紙なしにケツを拭く研究でもしろ。」

⑩자네、혹시、못+쓰다의Ⅰ+는、돈(名 お金)、가지다의Ⅱ+ㄴ+것、있다의Ⅰ+냐。
「君、ひょっとして、使わない金持ってないか?」

⑪없다의Ⅰ+는데+요。
「ありませんが」

⑫꼬불치다(他 隠す)의Ⅲ、두다(他 おく)의Ⅱ+ㄴ、돈+도、없다의Ⅲ。
「隠しておいた金もないか?」

⑬없다의Ⅲ+요。
「ありません。」

⑭어디(代 どこか)、가다의Ⅲ+서、아침(名 朝ご飯)+을、떼다(他 離す)+지。
「どこ行って朝飯を済ますか?」

닦다의Ⅲ。
「磨け。」

요즘(名 このごろ)+에+ㄴ、깨끗하다(形 清潔だ)의Ⅱ+ㄴ、거지+한테。
「この頃は清潔な乞食に」

동냥(名 物乞い)+을、더(副 もっと)、많이(副 たくさん)、주다(他 あげる)의Ⅰ+는 법이다(*連体形+법이다で…するものである)+이라구。
「お恵みをたくさんくれるってもんだ。」

⑮아저씨、진짜、거지+이다의Ⅲ+요。
「おじさん、本当に乞食ですか?」

거지+치고(後置 …として)+ㄴ、꽤(副 かなり)、잘(副 よく)、생기다(自 生まれる)의Ⅲ+ㅆ의Ⅰ+네。
「乞食にしてはかなりハンサムだな。」

⑯나、진짜(名 本物)+구 말구(→고 말고 …だとも〔肯定の意を強く表す〕)。
「俺か?本当だとも。」

하늘(名 空)+아래(名 下)、둘(数 2つ)+도、없다의Ⅰ+는、진짜、거지+지。
「空の下、二人といない本当の乞食さ。」

What about that building?
Excuse me. Im sorry .
Are you all right?
민우 ： I'm OK.
Excuse me.
I'm who have nothing.
I'm who have no one.
My hometown is green green grass of home. You know?
외국인 남 ： I don't understand.
민우 ： I wanna go home.
Take me home country road.

외국인 남 ： Let's get out of here.

병태 ： I think he want money to go home.
He seems to lost the way.
민우 ： I'm a stranger in a sand.
외국인 남 ： Take this. All right. Let's go.

민우 ： Merci, Madame.

[17] 병태 ： 꽤 유식한 거지군.

あの建物は？
すみません。ごめんなさい。
だいじょうぶですか。
ミヌ：OK です。
失礼しました。
わたしは何も持たない者。
わたしは誰もいない者。
わたしの故郷は、グリーン、グリーングラス、オブホーム。ね？
外国人（男）：何だって。
ミヌ：故郷へ帰りたい。
テークミー、ホーム、カントリーロード。

外国人（男）：行こう。

ビョンテ：彼は故郷に帰るお金が必要なのでしょう。道に迷ったようです。
ミヌ：わたしは砂漠のストレンジャー。
外国人（男）：これでいいだろう。
行こう。
ミヌ：メルシー、マダム。

ビョンテ：頭いいんだね。

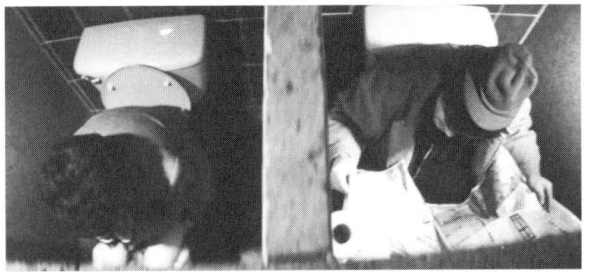

(英語での会話省略)

17 꽤、유식하다（形 物知りだ）의ㄴ+ㄴ、거지+군（用尾〔感歎〕…だな）。
「かなり物知りな乞食だね。」

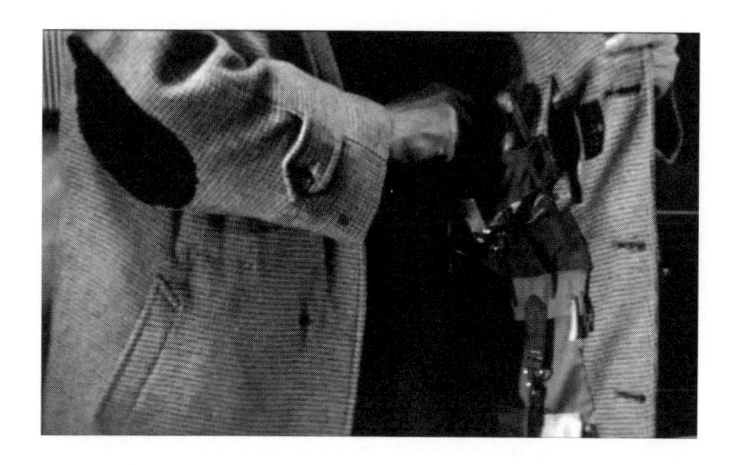

80年代韓国はドラマチック

　クイズです。第一問、「鯨とり」公開時の韓国の大統領は誰でしょう。①朴正熙、②全斗煥、③盧泰愚。正解は②全斗煥です。第二問、この3人の共通点は何でしょう。いろいろありますが、中でも重要なのは、軍人出身であるという点です。この3人が執権していた1961年から1992年まで、韓国は軍事政権下にありました。武力を行使しうる軍部が政治権力を握ると、往々にして力任せの恐怖政治が行われます。そうした事態を防ぐために、民主国家では軍隊の文民統制が謳われます。

　1945年に日本の植民地支配から解放された朝鮮半島に、大韓民国と朝鮮民主主義人民共和国という、ふたつの国家が誕生したのが1948年。1950年には同じ民族が戦火を交える朝鮮戦争の悲劇が起き、韓国は政治的にも経済的にも混乱していました。①朴正熙が政権を掌握したのは、そんな最中の1961年、5月16日の軍事クーデターによるものでした。

　当時、経済の分野では韓国は北朝鮮に後れをとっていました。朴正熙は迫りくる北の脅威に対抗すべく、経済開発五カ年計画やセマウル運動といった、トップダウン型の経済開発を推し進めます。財閥などに利権を配分し成長を促すとともに、人件費を抑制するべく、労働運動や民主化運動を徹底的に弾圧する――こうした体制は開発独裁と呼ばれます。

　ところが、永遠に見えた開発独裁は、1979年10月26日、内部の軋轢に端を発する朴正熙の暗殺という形で突如幕を下ろします。恐怖政治に苦しんでいた民衆が、ソウルの春を謳歌したのもつかの間、12月12日に全斗煥がまたもクーデターで軍の実権を掌握、翌80年5月17日には非常戒厳令を発布し、過去の恐怖政治を再現します。これに反対する民衆のデモが各地で発生。中でも大規模だったのが光州市でのデモですが、全斗煥は軍隊を投入してこれを鎮圧します（光州事件）。

　そんな暗鬱な時代にも朝は来るもの。81年に第24回オリンピックのソウル開催が決定。これにより露骨な人権弾圧に一定の歯止めがかかるようになりました。輸出一辺倒だった経済政策にも内需拡大の兆しが見えたことで、都市には中間層というべき、豊かさを享受する層が誕生します。それによって自由を求める人々の声は高まり、85年2月の総選挙では、民主化運動のリーダーであった金泳三、金大中率いる新韓民主党が躍進を果たします。

　そして迎えた87年6月。デモ中に催涙弾を被弾し死亡した学生の葬列に一般民衆も呼応。「6月抗争」と呼ばれる連日のデモに、ついに全斗煥の後継候補である盧泰愚が、大統領直接選挙、政治犯の釈放、基本的人権の遵守などを盛り込んだ、6・29民主化宣言を発表します。民主化運動が軍事政権を動かした、感動の瞬間でした。

　こうした時代背景を踏まえると、映画「鯨とり」に民主化へのメッセージを見出そうとした人々の気持ちも、なんとなく分かる気がしませんか？

Chapter 3

大学構内

1 **민우:** 이젠 헤어질때가 됐지?
어디 갈데라도 있나?
2 **병태:** 없어요.
3 **민우:** 집으로 돌아가.
4 **병태:** 싫어요.
고래를 잡기전엔
돌아가지 않을거에요.
5 **민우:** 아까 변소에서
그소리를 지껄였을때
변기통에 머리를 처넣을려고 했어.
6 **병태:** 왜요?
7 **민우:** 고래라니.
그 따위 개똥철학 피우지마.
넌 여기가 바닷속인줄 알고있니?
너 좋아하는 계집애한테 딱지맞았지.
8 **병태:** 네.
9 **민우:** 남자가 그렇게 솔직해야지.
왜 딱지맞았니?
10 **병태:** 그앤 아름다워요.
나 보다 똑똑하고 공부도 잘해요.
그에 비하면 난 바보 멍텅구리에요.

ミヌ：そろそろお別れだな？
どこか行く当ては？
ビョンテ：ないよ。
ミヌ：家に戻れ。
ビョンテ：嫌だよ。
鯨をとるまでは
家には戻らない。
ミヌ：便所で似たようなこと
抜かした時に便器に頭を突っ込んで
やるんだった。
ビョンテ：なんで？
ミヌ：鯨？
寝言は寝てから言え。
ここが海だと思ってるのか？
なあ、どうせ、女にふられたとかだろ。
ビョンテ：ええ。
ミヌ：そんなこったろうと思った。
なあ、なんでふられた？

ビョンテ：彼女は美人で
頭もよくて、成績もいい。
それにひきかえ　僕はさっぱりだ。

① 이제+ㄴ、헤어지다 (自 別れる)의 ㅣㅣ+ㄹ 때+가、되다의 ㅣㅣㅣ+ㅆ의 ㅣ+지 (가 되다で …になる)。
「そろそろお別れの時間になったな。」

어디、가다의 ㅣㅣ+ㄹ 데 (不完名 所)+라도 (尾 …でも)、있다의 ㅣ+나。
「どこか行く所でもあるのか。」

② 없다의 ㅣㅣㅣ+요。
「ありません。」

③ 집+으로、돌아가다 (自 帰って行く)의 ㅣㅣㅣ。
「家へ帰れ。」

④ 싫다 (形 嫌だ)의 ㅣㅣㅣ+요、고래+를、잡다의 ㅣ+기+전 (名 前)+에+ㄴ、돌아가다의 ㅣ+지、않다의 ㅣㅣ+ㄹ+거+이다의 ㅣㅣㅣ+요。
「嫌です。鯨を捕まえるまでは帰りません。」

⑤ 아까、변소 (名 便所)+에서、구、소리 (名 音)+를、지껄이다 (他 しゃべる)의 ㅣㅣㅣ+ㅆ의 ㅣㅣ+ㄹ 때。
「さっき便所でそんなことをほざいた時」

변기 (名 便器)+통 (名 筒)+에、머리 (名 頭)+를、처넣다 (他 つっ込む)의 ㅣㅣ+ㄹ 려고 (用尾 …しょうと)、하다의 ㅣㅣㅣ+ㅆ의 ㅣㅣㅣ。
「便器に頭をつっ込もうと思った。」

⑥ 왜+요。
「なぜですか?」

⑦ 고래+라니 (用尾 …だなんて)。
「鯨だなんて。」

그、따위 (不完名 たぐい)、개똥+철학、피우다의 ㅣ+지마 (→지 말아: 〔禁止〕～するな)。
「そのたぐいのクソ哲学を吹かすな」

너+ㄴ、여기+가、바닷속 (名 海の中)+이다의 ㅣㅣ+ㄴ 줄 (不完名)、알다의 ㅣ+고 있다의 ㅣ+니 (用尾 〔疑問〕…のか?) (連体形+줄 알다で…すると思う、…することができる)。
「お前はここが海の中だと思っているのか?」

너、좋아하다의 ㅣ+는、계집애 (名 女)+한테、딱지 (名 札) 맞다 (他 受ける)의 ㅣㅣㅣ+ㅆ의 ㅣ+지。
「お前、好きな女にふられただろ?」

⑧ 네。「はい。」

⑨ 남자+가、그렇게 (副 そのように)、솔직하다 (形 率直だ)의 ㅣㅣㅣ+야지 (用尾 …しなければならない)。
「男はそうやって素直でないとな。」

왜、딱지맞다의 ㅣㅣㅣ+ㅆ의 ㅣ+니。
「なぜふられたんだ?」

⑩ 그+애+ㄴ、아름답다 (形 美しい)의 ㅣㅣㅣ+요、나、보다 (尾 …〔比較〕より)、똑똑하다 (形 賢い)의 ㅣ+고、공부 (名 勉強)+도、잘 하다의 ㅣㅣㅣ+요。
「その子は美しいです。僕より賢くて勉強もできます。」

그+에、비하다 (自 比べる)의 ㅣㅣ+면、나+ㄴ、바보、멍텅구리 (名 まぬけ)+이다의 ㅣㅣㅣ+요。
「それに比べたら僕はバカでまぬけです。」

⑪ **민우**: 이거 정말 병태군.
계집앤 아무리 잘나봐도
너랑 똑같이
앉아서 오줌누는 동물이야.
여잔 방귀도 안 뀌는줄 아니?
열번 찍어 안 넘어가는 나무가 없어.

⑫ **병태**: 그것도 도끼 나름이죠.
⑬ **민우**: 그 도끼날 내가 세워줄게.
따라와.

⑭ **민우**: 여자를 꼬실려면
부드러운 미소를 지어야돼.
여자는 따뜻하게 대해주는 남자한텐
약한 법이거든.
⑮ **병태**: 해 봤어요.
⑯ **민우**: 그럼 웃겨야돼.
여자는 웃겨주는 남자한텐
꼼짝못하는 법이거든.
⑰ **여학생**: 깜짝이야
뭐 저런 사람이 다 있어 진짜.
⑱ **병태**: 그것도 해봤어요.

⑲ **교수**: 여보게. 민우군 아냐?
죄송합니다.
⑳ **남학생**: 아시는 분이세요?
㉑ **교수**: 내 옛날 제자였던가 해서...
틀림 없는거 같은데.

㉒ **여학생**: 미안합니다.

ミヌ：救いがたいやつだな。
どんな女だって所詮、
同じ動物だ
屁もひりゃ小便もする。
その、かわいこちゃんだってな。
10回切りつけて倒れない木はない。

ビョンテ：それも斧次第さ。
ミヌ：お前の斧を研いでやる。
行くぞ。

ミヌ：女を口説く時は
さわやかな笑顔で。
女は優しくしてくれる男に、弱いか
らな。
ビョンテ：やってみた。
ミヌ：じゃあ笑わせろ。
女は意外に面白い男が好きなんだ。

女子学生：驚いた。
何よあの人。
ビョンテ：それもやった。

教授：君、もしや、ミヌ君では？
これは失礼しました。
男子学生：お知り合いですか？
教授：昔の教え子かと思ってな…
間違いないと思ったが。

女子学生：すみません。

⑪이거、정말(副 本当に)、병태(名 病態、名前とかけている)+군。
「これは本当に病気だなあ。」

계집애+ㄴ、아무리(副 いくら)、잘+나다(自 出る、生まれる)의Ⅲ+보다의Ⅲ+도。
「女はいくら出来がよくても」

너+랑(尾 …と)、똑(副 ぴったり)+같이(副 同じく)、앉다(自 座る)의Ⅲ+서、오줌(名 小便)+누다(他 (小便を)する)의Ⅰ+는、동물(名 動物)+이야。
「お前と同じく、座って小便する動物だ。」

여자+ㄴ、방귀(名 おなら)+도、안(副 …しない)、뀌다(他 (おならを)ひる)의Ⅰ+는+줄、알다의Ⅰ+니。
「女は屁もしないと思うか？」

열(数 10)+번、찍다(他 切る)의Ⅲ+안+넘어가다(自 傾く)의Ⅰ+는、나무(名 木)+가、없다의Ⅲ。
「10回切りつけて傾かない木はない。」

⑫그것+도、도끼(名 斧)、나름(不完名 …次第)+이다+죠(→지요)。「それも斧次第ですよ。」

⑬그、도끼+날(名 刃)、내+가、세우다(他 立てる)+주다의Ⅱ+ㄹ게(用尾〔意志〕…する)。따르다(他 従う)의Ⅲ+와。「その斧、俺が研いでやる。ついて来い。」

⑭여자+를、꼬시다(他 誘う)의Ⅱ+ㄹ려면(用尾 …しようとすれば)、부드럽다(形 やわらかい)의Ⅱ+ㄴ、미소(名 微笑)+를、짓다(他 作る)의Ⅲ+야+되다의Ⅲ(야+되다で…しなければいけない)。
「女を誘おうと思うならやわらかい微笑を作らないといけない。」

여자+는、따뜻하다(形 温かい)의Ⅰ+게、대하다(他 対する)의Ⅲ+주다의Ⅰ+는、남자+한테+ㄴ、약하다(形 弱い)의Ⅱ+ㄴ、법+이다의Ⅰ+거든(用尾 …だよ)。
「女は温かく接してくれる男には弱いものなんだ。」

⑮하다의Ⅲ、보다의Ⅲ+ㅆ의Ⅲ+요。
「やってみました。」

⑯그럼(接 では)、웃기다(使 笑わす)의Ⅲ+야+되다의Ⅲ、여자+는、웃기다의Ⅲ+주다의Ⅰ+는、남자+한테+ㄴ、꼼짝(副 ぴくりと)、못+하다의Ⅰ+는、법+이다의Ⅰ+거든。
「では笑わさなければ。女は笑わせてくれる男に身動きできないものだよ。」

⑰깜짝(副 びっくり)+이야。
「びっくりした。」

뭐、저렇다(形 あのようだ)의Ⅱ+ㄴ、사람+이、다(副 すべて) 있다의Ⅲ、진짜。
「何、あの人いったい、ほんとうに。」

⑱그것+도、하다의Ⅲ+보다의Ⅲ+ㅆ의Ⅲ+요。
「それもやってみました。」

⑲여보게(間 おい)、민우(人名 ミヌ)+군(接尾 …君)、아니야。
「おい、ミヌ君じゃないか？」

죄송하다(形 すまない)의Ⅱ+ㅂ니다。
「すみません。」

⑳알다의Ⅱ+시의Ⅰ+는、분(不完名 方)+이다의Ⅱ+시의Ⅲ+요。
「お知り合いですか。」

㉓ **병태**: 왜 모습을 감추신거에요?
㉔ **민우**: 네 좋아하는 아가씨가 있는 곳
    이 저기냐?

㉕ **민우**: 때려.
    여자들은 자기를 강하게 다뤄주는
    남자한테 무릎을 꿇게 되어 있다구.

㉖ **병태**: 용기가 안나요.
㉗ **민우**: 날 때려봐.
    날 저여자라고 생각하고 때려봐.
    괜찮아. 세게. 더 세게.

㉘ **남자**: 이 꼬마 이기 뭐꼬.
㉙ **남자들**: 꽉잡어 꽉잡어

㉚ **병태**: 두고 봐.
    난 고래를 잡아올테야.

㉛ **민우**: 불이야!

ビョンテ：なぜ急に芝居をしたの？
ミヌ：お前の好きな子がいるのは、
あそこか？

ミヌ：殴れ。
女は、力任せに迫ってくる男に、
従うようできてる。

ビョンテ：勇気が出ない。
ミヌ：練習だ
俺をあの女だと思って殴れ、
うん？ いいから。強く、ん。もっと。

男：何だこのチビは？
男たち：捕まえろ。

ビョンテ：見てろ。
僕は鯨をとるんだ。

ミヌ：火事だあ！

㉑ 내、옛날(名 昔)、제자(名 弟子)+이다Ⅲ+ㅆ이+던가(用尾 …していたか)、하다Ⅲ+서。
「私の昔の弟子だったかと思って。」

틀림(名 間違い)、없다Ⅰ+는+거、같다(形 同じだ)의Ⅱ+ㄴ데。
「間違いないようだが。」

㉒ 미안하다(形 すまない)의Ⅱ+ㅂ니다。
「すみません。」

㉓ 왜、모습(名 姿)+을、감추다(他 隠す)의Ⅱ+시의Ⅱ+ㄴ+거+이다Ⅲ+요。
「なぜ姿を隠されたんですか?」

㉔ 네、좋아하다의Ⅰ+는、아가씨+가、있다의Ⅰ+는+곳(不完名 所)+이、저기(代 あそこ)+냐。
「お前の好きなお嬢さんがいる所はあそこか?」

㉕ 때리다(他 殴る)의Ⅲ。
「殴れ。」

여자+들+은、자기(代 自分)+를、강하다(形 強い)의Ⅰ+게、다루다(他 扱う)의Ⅲ+주다의Ⅰ+는、남자+한테、무릎(名 膝)+을、꿇다(他 ひざまづく)의Ⅰ+게、되다의Ⅲ+있다+구。
「女たちは自分を強く扱ってくれる男に膝をつくようになっているんだって。」

㉖ 용기(名 勇気)+가、안+나다의Ⅲ+요。
「勇気が出ません。」

㉗ 나+ㄹ、때리다의Ⅲ+보다의Ⅲ。
「俺を殴ってみろ。」

나+ㄹ、저(冠 あの)+여자+라고、생각하다(他 思う)의Ⅰ+고、때리다의Ⅲ+보다의Ⅲ、괜찮다(形 構わない)의Ⅲ。
「俺をあの女だと思って殴ってみろ。いいから。」

세다(形 強い)+의Ⅰ+게。
「強く。」

더、세다의Ⅰ+게。
「もっと強く。」

㉘ 이、꼬마(名 チビ)、이기(→이거)、뭐꼬(뭐야의 方言)。
「このチビ、何だ、こいつ」

㉙ 꽉(副 ぎゅっと)+잡다의Ⅲ。
「しっかり捕まえろ。」

㉚ 두다(他 置く)의Ⅰ+고、보다의Ⅲ。
「見てろ」

나+ㄴ、고래+를、잡다의Ⅲ+오다의Ⅱ+ㄹ+터(不完名 つもり)+이야。
「僕は鯨を捕まえてくるぞ。」

㉛ 불(名 火)+이야。「火事だ!」

🎬 街頭

㉜ **여학생 :** 어머 미쳤나봐 정말.
㉝ **행인 :** 임마 너 왜이래. 이 자식이 이거.
㉞ **병태 :** 놔요 이거. 놔봐요. 놔요 이거

㉟ **병태 :** 뭐에요. 운전 똑바로 해요.
㊱ **운전자 :** 뭐 저런 자식이 다 있어.

㊲ **병태 :** 왜 때려요. 왜 때려.
㊳ **민우 :** 죄송합니다.

㊴ **병태 :** 아우 죽고싶어요.
난 죽고싶단 말야.
놔요 놔.

女学生 : 何考えてるの。
通行人 : この野郎、何しやがる、こいつ。
ビョンテ : 放せ、放せ、放せって。

ビョンテ : あんた どこ見てるんだ。
ドライバー : てめえこそどこ見てやがる、この野郎。

ビョンテ : 何するんだ、放してよ。
ミヌ : すみません。

ビョンテ : 死にたいよ。
もう死んでしまいたい。
放して、放せ、放せって。

㉜ 미치다의Ⅲ+ㅆ의Ⅰ+나+보다의Ⅲ(나 보다で …のようだ), 정말.
「まあ、何を考えているの」

㉝ 임마, 너, 왜, 이러다(自 こうする)의Ⅲ. 이, 자식+이, 이거.
「この野郎、なぜこんなことをする。こいつ」

㉞ 놓다의Ⅲ+요, 이거. 놓다의Ⅲ+보다의Ⅲ+요. 놓다의Ⅲ+요, 이거.
「放して、放してみて、放して」

㉟ 뭐+이다의Ⅲ+요. 운전(名 運転), 똑+바로, 하다의Ⅲ+요.
「何ですか。運転をちゃんとしてください」

㊱ 뭐, 저런, 자식+이, 다, 있다의Ⅲ.
「なんだとあの野郎、あいつ」

㊲ 왜, 때리다의Ⅲ+요.
「どうして殴るんですか」

㊳ 죄송하다의Ⅱ+ㅂ니다.
「すみません。」

㊴ 죽다의Ⅰ+고+싶다의Ⅲ+요.
「死にたいです。」

나+ㄴ, 죽다의Ⅰ+고+싶다+ㄴ, 말+야.
「僕は死にたいんです。」

놓다의Ⅲ+요. 놓다의Ⅲ.
「放してったら、放して。」

経済発展と都市中間層

　現在の両国の経済状況からは想像もつかないかもしれませんが、60年代の韓国は、経済の分野で北朝鮮に後れをとっていました。経済が発展するには資本、設備、労働力、市場などの諸条件が必要で、これらは初めから存在するものではありません。ここで韓国の経済発展の歴史をキーワードで振り返ってみましょう。

　50年代の韓国経済のキーワードは、輸入代替工業化です。朝鮮戦争後のアメリカからの援助物資を原料に、食品や衣類、薬品といった消費財を生産し、国民に向けて売りました。製糖、製粉、製糸といった軽工業中心の経済だったため、三白経済と呼ばれます。例えば、今をときめく三星グループは、この時期に製糖業で財を成しました（三星のグループ企業には「CJ」の名を冠するものが多くありますが、これは「第一製糖 Cheil Jedang」の頭文字です）。

　しかし、このような経済では、いつまでたっても北朝鮮に追いつけません。クーデターで政権を取った朴正熙は、輸出志向と重化学工業化を打ち出します。鉄鋼や造船、電子や自動車といった分野に打って出たわけですが、これらを生産するには、莫大な元手や設備が必要ですし、できたものを買ってくれる市場がなければいけません。残念ながら、当時の韓国にはその両方ともありませんでした。
そこで借款をして＝外国からお金を借りて、必要な設備を買い、韓国で生産し、海外の市場に向けて売り出したのです。海外で売るには、価格が安くなければいけない。ゆえに、「先成長・後分配」を旗頭に、強権をもって人件費を抑制しました。借款を得るために、国民の反対を押し切って日本との国交正常化に踏み切ったり、ベトナム戦争に参戦したりもしました。

　全斗煥政権下でも、基本的な路線は継承されましたが、オイルショックによる成長の鈍化から、輸出一辺倒ではダメだということになり、内需拡大＝国民の所得を増やし、国内市場を大きくする方向に舵が切られました。これに伴い、安定した雇用と豊かさを享受する層（都市中間層）が形成されました。また、生産設備（中間財）の多くを輸入に頼ってきたことで悪化していた貿易収支の改善が叫ばれ、半導体などのハイテク産業が育成されました。ウォン安、原油安、国際金利安という環境条件にも恵まれ（「三低景気」）、二桁成長を続けた韓国経済は、80年代後半に貿易収支の黒字転換に成功します。「鯨とり」が公開された1984年は、こうした時期に当たります。

　1987年の6・29民主化宣言は、嵐のような労働争議を呼び起こしました。人件費が高騰した今、かつてのような経済モデルは成立しなくなりつつあります。とはいえ、韓国の人口は4800万人。少子化も急速に進んでおり、国内市場には限界があります。昨今の韓国企業の躍進しかり、韓流ブームしかり、常に海外に目を向ける韓国人のメンタリティは、こうした経済発展の中で育まれたものかもしれません。

Chapter 4

🎞 川辺から "街" へ

① **민우**: 인제 어쩔 셈이냐?
② **병태**: 난 고래를 잡아올거에요.
   두고 보세요.
   난 고래를 잡아올거에요.
③ **민우**: 진짜 고래한마리 잡아줄까?

④ **여자1**: 잠깐 놀다 가세요.
⑤ **여자2**: 앉았다 가세요.
⑥ **여자3**: 나하고 연애해요.

⑦ **싸우는 여자**: 이 년. 남의 서방을…

⑧ **여자4**: 아저씨 노시다 가세요.
   쉬었다 가세요.
⑨ **민우**: 그 아저씬 안돼. 다음에.

⑩ **여자5**: 따뜻한방 있어요.
   놀다가요.
⑪ **여자6**: 아저씨 비디오 보고 가요.
   어서 들어가요.

ミヌ：この先どうするんだ？
ビョンテ：鯨をとりに行くよ。
見ててよ。
必ず捕まえるから。
ミヌ：じゃ、いっちょう、案内して
やろうか？

女1：ねえ、遊んで行ってよ。
女2：休憩どう？
女3：いいことしましょ。

喧嘩女：よくも、人の亭主をたぶら
かしたね…

女4：お兄さん、遊んで行って。
遊んで行ってよ〜。
ミヌ：おっとっと　その人はだめだ、
今度な。
女5：空いてる部屋ありますよ、
休んで行って。
女6：ねえお兄さん一緒にビデオ見
ない？ね、入って。

🎞 "宿"

⑫ **설희**: 어머나 거지 서방 왔네.
⑬ **민우**: 그래 너 서방 왔다.

ソリ：あら、乞食の旦那じゃない？
ミヌ：そうだ、また来てやったぞ。

① 인제(副 今)、어쩌다(他 どうする)의 ll+ㄹ、셈(名 計算)+이다의 l+냐。
「これからどうするつもりだ?」

② 나+ㄴ、고래+를、잡다의 lll+오다의 ll+ㄹ+거+이다의 lll+요。
「僕は鯨を捕まえてきます。」

　두다의 l+고、보다의 ll+시의 lll+요、나+ㄴ、고래+를、잡다의 lll+오다의 ll+ㄹ+거+이다의 lll+요。
　「見てください。僕は鯨を捕まえてきます。」

③ 진짜、고래+한+마리(名数 …匹)、잡다의 lll+주다의 ll+ㄹ까(用尾 …しようか)。
「本当に鯨1匹捕まえてやろうか?」

④ 잠깐(副 ちょっと)、놀다(自 遊ぶ)의 l+다(→다가 用尾 …して)、가다의 ll+시의 lll+요。
「ちょっと、遊んで行ってください。」

⑤ 앉다의 lll+ㅆ의 l+다、가다의 ll+시의 lll+요。
「座って行ってください。」

⑥ 나+하고、연애(名 恋愛)+하다의 lll+요。
「私と恋愛しましょう。」

⑦ 이、년(不完名 女)、남(名 他人)+의、서방(名 旦那)+을。
「この女、他人の亭主を。」

⑧ 아저씨、놀다의 ll+시의 l+다、가다의 ll+시의 lll+요。쉬다(自・他 休む)의 lll+ㅆ의 l+다+가다의 ll+시의 lll+요。
「おじさん、お遊びになって行ってください。休んで行ってください。」

⑨ 그、아저씨+ㄴ、안+되다의 lll、다음(名 次)+에。
「そのおじさんはダメだ。今度な」

⑩ 따뜻하다+ㄴ+방、있다의 lll+요、놀다의 l+다+가다의 lll+요。
「暖かい部屋あります。遊んで行きましょう。」

⑪ 아저씨、비디오(名 ビデオ)、보다의 l+고、가다의 lll+요。어서(副 早く)、들어가다의 lll+요。
「おじさん、ビデオ見て行きましょう。早く入ってよ」

⑫ 어머나(間 あら)、거지、서방、오다의 lll+ㅆ의 l+네。
「あら、乞食の旦那来たわね。」

⑬ 그렇다의 lll、너、서방、오다의 lll+ㅆ다。
「そうだ、お前の旦那が来た。」

⑭ **설희** : 왜 이렇게 오랜만에 왔어요?
⑮ **민우** : 넌 살림차려 나갔다는 년이
　　또 들어왔냐?
⑯ **설희** : 뛰어야 벼룩이지 뭐.
⑰ **민우** : 너희 서방 왔다.
⑱ **미스정** : 어머 아저씨.
　　각설이 타령이나 하나 불러주세요.
⑲ **민우** : 노래 불러주면
　　공짜로 재워줄래?
⑳ **수경** : 각설이 아저씨.
　　시어머니 죽고 얼마만이야?
㉑ **민우** : 이 년 주둥아리는
　　아직도 살아있구나.
㉒ **수경** : 어머나 귀여워라.
　　누구에요 이 꼬마총각?
㉓ **민우** : 아주 귀한분이다.
　　오늘밤 이 분 모실 년 나와라.
　　선착순이다.
㉔ **미스정** : 내가 찍었어.
㉕ **수경** : 왜 이래. 내가 먼저 찍었어.

㉖ **병태** : 미란씨.

㉗ **미스정** : 웃기지마 이 년아. 내가 먼저
　　찍었어.
㉘ **수경** : 이년이. 내가 먼저야.
　　각설이 아저씨. 누가 먼저에요?
㉙ **민우** : 난 몰라. 힘 센 년이 임자지 뭐.

ソリ：もう、随分ご無沙汰ね。
ミヌ：お前、嫁に行ったって聞いたのに、舞い戻ったのか？
ソリ：男はこりごりよ。
ミヌ：おい、旦那のお出ましだあ。
ミスジョン：乞食の旦那。
乞食節でも歌ってちょうだいよ。
ミヌ：歌ったら
ただで泊めてくれるか？
スギョン：今日は何てデマカセいって高飛びする気かしら？
ミヌ：その毒舌は、
相変わらずだな。
スギョン：まあかわいい。
この坊ちゃんはだあれ？
ミヌ：そりゃあやんごとなき方でな。
今晩、お相手したい者は？
先着順だぞ！
ミスジョン：わー、私一番
スギョン：何言ってるの、私が先だったわ。

ビョンテ：ミランさん。

ミスジョン：バカ言わないで、私が
先よ。
スギョン：あんたこそ、横取りしないで。乞食の旦那、どっちが先？
ミヌ：あ？どっちかな、力ずくで決めりゃいい。

⑭ 왜, 이렇게, 오랜만(名 久しぶり)+에、오다 の Ⅲ+ㅆ の Ⅲ+요.
「なぜこんなに久しぶりに来たの?」

⑮ 너+ㄴ、살림(名 暮らし)+차리다(他 整える)の Ⅲ、나가다 の Ⅲ+ㅆ+다+는、년+이、또、들어오다 の Ⅲ+ㅆ+ㅣ+냐.
「お前、暮らしを整えて出て行ったという女がまた戻ってきたのか?」

⑯ 뛰다(自・他 跳ぶ)の Ⅲ+야、벼룩(名 のみ)+이다の ㅣ+지、뭐(ㅣ+지 뭐で…するさ).
「跳んだところでノミよ。」

⑰ 너희(代 お前たち)、서방、오다の Ⅲ+ㅆ+다.
「お前たちの旦那が来たぞ。」

⑱ 어머、아저씨、각설이、타령+이나、하나、부르다の Ⅲ+주다の Ⅱ+시の Ⅲ+요.
「あら、おじさん、乞食節でもひとつ歌ってください。」

⑲ 노래(名 歌)、부르다の Ⅲ+주다の Ⅱ+면、공짜(名 ただ)+로、재우다(他 寝かす)の Ⅲ+주다の Ⅱ+ㄹ래(用尾 …するか).
「歌うたってやれば、ただで寝かせてくれるか?」

⑳ 각설이、아저씨、시어머니(名 姑)、죽다の ㅣ+고、얼마(数 いくら)+만(尾 …ぶり)+이야.
「乞食おじさん、姑さんが死んでからどれくらいぶりかしら?」

㉑ 이+년、주둥아리(名 口)+는、아직+도、살다(自 生きる)の Ⅲ+있다の ㅣ+구나(用尾 …だなあ).
「お前の口はまだ生きているな。」

㉒ 어머나、귀엽다(形 かわいい)の Ⅲ+라(用尾〔詠嘆〕…だ)、누구+이다の Ⅲ+요、이、꼬마+총각(名 未婚の青年).
「あら、かわいいわ。誰ですか、この坊ちゃんは?」

㉓ 아주(副 とても)、귀하다(形 貴い)の Ⅱ+ㄴ、분+이다.
「とても貴い方だ。」

오늘+밤、이、분、모시다(他 仕える)の Ⅱ+ㄹ、년、나오다の Ⅲ+라、선착순(名 先着順)+이다.
「今夜この方にお供する女、出てこい。先着順だ。」

㉔ 내+가、찍다の Ⅲ+ㅆの Ⅲ.
「私がつば付けた。」

㉕ 왜、이러다の Ⅲ、내+가、먼저(副 先に)、찍다の Ⅲ+ㅆの Ⅲ.
「何言ってるの。私が先につば付けたわ。」

㉖ 미란(人名 ミラン)+씨(接尾 …さん).
「ミランさん。」

㉗ 웃기다の ㅣ+지마、이년+아、내+가、먼저、찍다の Ⅲ+ㅆ+어.
「笑わないで、この女。私が先につば付けたわ。」

이、년+이、내+가、먼저+야.
「この女、私が先よ。」

㉘ 각설이、아저씨、누+가、먼저、이다の Ⅲ+요.
「カクソリおじさん、誰が先ですか?」

㉚ **손님 :** 아이구메 아이구메.
　　너 요거 놓지 못하겄냐?
　　니가 무슨 성춘향이나 되는줄 아냐?
　　아 사람받기 싫으면
　　집구석에서 애나 볼것이지
　　요런디 뭣땀시 나왔냐 엉?
　　아 그라고. 니가 나한티
　　혹간에 쪼까 뭐 불만 있다면은
　　말로 할 것이제 물기는 왜 무냐.
　　니가 강아지 새끼냐?
　　강아지도 도적놈이나 무는겨.
　　요것이 감히 어딜 도망갈라고?
　　요리 좀 나오너라.
　　여지 주인 좀 나오시요.
　　주인 좀 나와보랑게.

㉛ **포주3 :** 보소 보소.
㉜ **손님 :** 당신들 잘 만났구마잉.
㉝ **포주3 :** 당신
　　이 집 전세낸일 있소 야?
㉞ **손님 :** 하이고, 주인 좀 나오라고 그려
　　주인 좀.
　　여기 강아지새끼 키울일 있어?
　　요것은 사람이 아니고
　　미친개여 미친개.

㉟ **포주1 :** 왜 이렇게 시끄럽게 굴어 그 래?

客：イテテ、何しやがるんだ。
　　放せ、手がちぎれるだろ。
　　何を拒んでやがるんだ、まったく。
　　客を取りたくねえなら
　　家で子守でもしてるんだな、
　　こんなとこ来ねえでよ。
　　だいいち文句があるなら
　　文句がありますって言やあいいだろ、
　　噛みつくんじゃなくてな。
　　お前は犬か？
　　犬だって、泥棒しか噛まんぞ。
　　逃げようったってそうはいくか、
　　ちょっと来い。
　　おい、店の主人！
　　主人出てこい！

ヤクザ3：ちょいとお宅。
客：あんたら店のもんだな。
ヤクザ3：あんた、
　　他の客に迷惑ですぜ。
客：いいから主人を呼んで来い主人を。
　　お宅の女に噛まれたんだ、
　　こいつは人間じゃねえ、
　　犬だ犬。

ヤクザ1：どうしたんだ騒がしいじゃねえか。

㉙ 나+ㄴ、모르다(他 知らない)의Ⅲ、힘(名 力)、세다의Ⅱ+ㄴ、년+이、임자(名 持ち主)+지、뭐。
「俺は知らない。力の強い女が持ち主だろ。」

아이구메 아이구메(間 ああ)、너、요거(代 これ)、놓다의Ⅰ+지、못+하다의Ⅰ+겄(→겠의方言)+냐。
「ああ、お前、これ、放さないのか？」

㉚ 니+가、무슨(冠 何の)、성춘향(人名 ソン・チュニャン;春香伝の主人公)+이나、되다의Ⅰ+는+줄、알다의Ⅰ+냐。
「お前がどこかのソン・チュニャンにでもなると思ってるのか？」

사람、받다의Ⅰ+기、싫다의Ⅱ+면、집+구석(名 隅)+에서、애+나、보다의Ⅱ+ㄹ것+이다의Ⅰ+지(用尾 …するのであって)、요렇다(代 こうだ)의Ⅱ+ㄴ디(→ㄴ데의方言)、뭣땀시(→무엇때문의方言;何のために)、나오다의Ⅲ+ㅆ의Ⅰ+냐。
「客を取るのが嫌なら家の中で子守でもするんであって、こんな所に何のために出てきた？」

그라고(→그리고의方言)、니+가、나+한티(→한테의方言)、혹간(副 ひょっとすると)+에、쪼까(→조금의方言;少し)、뭐、불만(名 不満)、있다+면+은。
「それに、お前が俺にひょっとして少し、何か不満があるなら、」

말로 하다의Ⅱ+ㄹ것+이+제(→지의方言)、물다(他 噛む)의Ⅰ+기+는、왜、물다의Ⅰ+냐、니+가、강아지(名 子犬)、새끼(名 動物の子)+냐。
「口で言えばいいだろ、なんで噛むんだ、お前は犬の子か？」

강아지+도、도적(名 盗賊)+놈(名:やつ)+이나、물다의Ⅱ+는+겨(→거야의方言)。
「犬だって泥棒しか噛まんぞ」

요것(代 これ)+이、감히(副 あえて)、어디+ㄹ、도망(名 逃亡)+가다의Ⅱ+ㄹ라고(用尾 …しようと)、요리(副 ここへ)、좀(副 少し)、나오다의Ⅰ+너라(用尾 …しろ)。
「こいつ、よくもどこに逃げようって？こっちにちょっと出て来い。」

여기、주인(名 主人)、좀、나오다의Ⅱ+시요(→세요의方言)、주인、좀、나오다의Ⅲ+보다의Ⅱ+라+o게(→니까의方言)。
「ここの主人ちょっと出てきてくれ。主人、ちょっと出てきてみろって。」

㉛ 보다의Ⅰ+소(用尾 …お〜なさい)、보다의Ⅰ+소。
「ちょっと、ちょっと。」

㉜ 당신+들、잘、만나다의Ⅲ+ㅆ의Ⅰ+구마잉(→구만의方言 …だな)。
「あんたら、いいところに来た。」

㉝ 당신、이、집、전세(名 伝貰、貸し切ること)+내다의Ⅱ+ㄴ+일(不完名 事)、있다의Ⅰ+소、야。
「あなた、ここを貸し切ったわけですか？」

㉞ 주인、좀、나오다의Ⅱ+라고(用尾 …しろと)、그려(→그래의方言)、주인、좀。
「主人に出て来いと言ってるんだ、主人に」

여기、강아지、새끼、키우다(他 育てる)의Ⅱ+ㄹ+일、있다의Ⅲ、요것+은、사람+이、아니다의Ⅰ+고、미치다의Ⅱ+ㄴ+개(名 犬)+여(야의方言)、미치다의Ⅱ+ㄴ+개。
「ここじゃ、犬の子を育ててるのか？これは人じゃなくて狂った犬だ、狂った犬。」

㉟ 왜、이렇게、시끄럽다의Ⅰ+게、굴다의Ⅲ、그러다의Ⅲ。
「なぜこうも騒がしくしてるんだ？」

㊱ **손님** : 사장. 내 돈 물어내쇼.
　아니 당신네들 내 돈 먹을려고
　짜고서 요러는 거재?
　내가 누군디 내 돈을 떼먹을라고.
　하이고 그렇게는 안되지.
㊲ **포주1** : 왜 불구경 났어? 들어가.
㊳ **손님** : 나도 말이여.
　머리하난 괜찮다고 했다.
　우리 엄니가. 내 돈을 떼먹어?
㊴ **포주1** : 박사장.
　왜 이렇게 흥분하셨나 그래.
㊵ **손님** : 내가 흥분 안하게 생겼어?
　아까 준 돈 내놔. 내돈 내놓으랑게.

㊶ **포주1** : 여자는 계란 다루듯이 살살 다
　뤄야지.
　아무것도 모르는 애 아니야.
㊷ **손님** : 나 숫처녀고 뭐고 싫응게.
　내 돈이나 좀 내놓으쇼.
　치료비도 좀 내고.
　나가 말이여 계란 먹을라면
　집에서 삶아먹지 뭣땀시 요런데를 와.
　내돈 30만원 엿 사먹었소?
　후딱 내놓으랑게. 내돈 내놔.
㊸ **포주3** : 언제 박사장하고 나하고 돈 갖
　고 살았어?
　여기 돈있어.
　영자야 어떻게 좀 해라.
㊹ **포주3** : 내가 기똥찬 여자 데려다.
㊺ **손님** : 참말로 좋은 사람 있어?
　기똥차다고? 그러면 가제 후딱.

客：主人、金返せってんだ。
あんたらグルになって、
ぼろうって気か？
俺をだまそうたってそうはいくか、
俺を誰だと思ってやがる。
ヤクザ１：見世物じゃねえぞ、戻れ。
客：こう見えても、
母ちゃんから言われたんだ。
お前は頭だけはいいってな。
ヤクザ１：おやパク社長。
何をそんなに興奮してるんだ？
客：興奮しないでいられるか。
金返してもらうぞ、返せってえの。

ヤクザ１：社長、女は卵みてえにや
さしく扱わねえと。
それに、あいつは生娘ですぜ。
客：生娘も何も結構だ。
金を出せ、
ついでに治療費も。
卵食うためならこんな店に来るか、
家でゆでて食うさ。
俺の30万どこやりやがった。
さっさと出せ。人の金だぞ。
ヤクザ３：俺とあんたの仲だろケチ
なこと言うなよ。
金ならここにあるだろ。
ヨンジャ、案内しろ。
ヤクザ３：あっちに上玉がいますぜ。
客：ほんとに上玉なのか？
それならいいんだ。

㊱사장(名 社長)、내、돈、물어내다(他 弁償する)의Ⅱ+쇼(→시오)。
「社長、俺の金返してくれ」

당신+네(接尾 同じ立場の人達であることを表す)+들、내、돈、먹다(他 食べる)의Ⅱ+ㄹ려고、짜다(他 絞る、組む)의Ⅰ+고서(用尾 …して)、요러다(→이러다)의Ⅰ+는、거+제。
「いや、あんたたち、俺の金をくすねようって、グルになってるんだろ?」

내+가、누구+ㄴ디(→는데の方言)、내、돈+을、떼먹다(他 踏み倒す)의Ⅱ+ㄹ라고、그렇게+는、안+되다의Ⅰ+지。
「俺を誰と思って、俺の金を踏み倒そうって?そうはいくか。」

㊲왜、불+구경(名 見物)、나다의Ⅲ+ㅆ의Ⅲ、들어가다의Ⅲ。
「火事でも見物してるのか?入れ。」

㊳나+도、말+이여(→이야の方言)、머리+하나+ㄴ、괜찮다+고、하다의Ⅲ+ㅆ+다、우리、엄니(→어머니の方言;名 お母さん)+가、내、돈+을、떼먹다의Ⅲ。
「俺もな、頭だけはいいって言ったんだ、うちの母ちゃんが。俺の金を踏み倒すって?」

㊴박(人名 パク)+사장、왜、이렇게、흥분하다(自 興奮する)의Ⅱ+시의Ⅲ+ㅆ+나、그러다의Ⅲ。
「パク社長、なんでこんなに興奮なさってるんだ。」

㊵내+가、흥분(名 興奮)、안+하다의Ⅰ+게、생기다의Ⅲ+ㅆ의Ⅲ(Ⅰ+게 생기다で…しそうな状況だ)。
「俺が興奮しないでいられるか。」

아까、주다의Ⅱ+ㄴ、돈、내다의Ⅲ+놓다의Ⅲ、내+돈、내다의Ⅲ+놓다의Ⅱ+라+ㅇ게。
「さっきやった金出せ。俺の金出せって。」

㊶여자+는、계란(名 鶏卵)、다루다의Ⅰ+듯이(用尾 …するように)、살살(副 そっと)、다루다의Ⅲ+야지、아무+것+도、모르다의Ⅰ+는、애、아니다+야。
「女は卵を扱うようにそっと扱わないと。何も知らない子じゃないか。」

㊷나、숫처녀(名 生娘)+고、뭐+고、싫다+응게、내、돈+이나、좀、내다의Ⅱ+놓다의Ⅱ+쇼、치료비(名 治療費)+도、좀、내다의Ⅰ+고。
「俺は生娘も何も嫌だから。俺の金でもお出しなさい。治療費もちょいと出して。」

나+가、말+이여、계란、먹다의Ⅱ+ㄹ라면(用尾 …しようとすれば)、집+에서、삶다(他 ゆでる)의Ⅲ+먹다의Ⅰ+지、뭣땀시、요렇다의Ⅱ+ㄴ데+를、오다의Ⅲ。
「俺はな、卵食べようとするなら家でゆでて食べるさ。何のためにこんなところに来る。」

내+돈、30+만(數 万)+원(數 ウォン)、엿(名 飴)+사다+(他 買う)의Ⅲ+먹다의Ⅲ+ㅆ의Ⅰ+소、후딱(副 さっさと)、내놓다의Ⅱ+랑게、내+돈、내놓다의Ⅲ。
「俺の30万ウォン飴買って食ったか?さっさと出せ。俺の金出せ。」

㊸언제(代 いつ)、박+사장+하고、나+하고、돈、갖다(他 持つ)의Ⅰ+고、살다의Ⅲ+ㅆ의Ⅲ。
「いつパク社長と俺と金でもって生きた?」

여기、돈、있다의Ⅲ。
「ここに金はある。」

영자+야、어떻게(副 どのように)、좀、하다의Ⅲ+라。
「ヨンジャ。ちょっと何とかしろ。」

46 **포주1**: 야 너 이거 벌써 몇번째야.

47 **포주2**: 뭘봐 들어가. 들어가 어서.

48 **포주1**: 너 때문에
우리집 신용 다 떨어져

49 **민우**: 새로온 애냐?
50 **설희**: 주인이 애써 어렵게
데려온 아이에요.
저렇게 매일밤 손님을 안받겠다고
앙탈이지 뭐에요. 보라구.
51 **포주1**: 니가 양가집 처녀 행세를
해봤자 넌 소용없어.

52 **민우**: 이 집에 예쁜 고래 하나 없냐?
53 **포주1**: 너 다음에 또 한번만 그러면
넌 가만 안놔둬.

54 **병태**: 미… 미란이요.

55 **포주1**: 이건 또 뭐야?
56 **병태**: 미란이 방 가요.
57 **포주1**: 미란이 라니 이 자식아.
얘 계산됐어?
58 **설희**: 아니요.
59 **포주1**: 넌 이리와. 어딜가?
60 **민우**: 형님. 오랜만이유.
무슨 언짢은 일 있수?
61 **포주1**: 넌 잔말말고 저리 빠져.

ヤクザ１: おい、いったいこれで、何度目だ。

ヤクザ２: お前ら何見てる、部屋に戻れ。

ヤクザ１: お前のせいで
うちの信用ガタ落ちだぞ。

ミヌ: おい、新入りか。
ソリ: 主人が苦労して
連れてきたらしいけど。
毎晩ああして頑として、客を取ろうとしないの。見てよ。
ヤクザ１: 今さらどんな悪あがきしたところで無駄だって言ってんだろ。

ミヌ: ところで、かわいい鯨はいないか？
ヤクザ１: 今度やったら、
そん時こそ承知しねえぞ。

ビョンテ: ミ、ミランだ。

ヤクザ１: 今度は何だ？
ビョンテ: ミランの部屋に…
ヤクザ１: こいつ寝ぼけてんじゃねえ。こいつの勘定は？
ソリ: まだです。
ヤクザ１: どこ行きやがんだ、こいつ。
ミヌ: 大将、久しぶりだね、
何かご機嫌斜めで？
ヤクザ１: てめえとは関係ねえ、引っ込んでろ。

㊹내+가、기똥차다(形 めっぽういい)のⅡ+ㄴ、여자、데려다。
「俺がめっぽういい女を連れてきます」

㊺참말(名 本当)+로、좋다(形 良い)のⅡ+ㄴ、사람、있다のⅢ、기똥차다+고、그렇다のⅡ+면、가다のⅠ+제、후딱。
「ああ、本当にいいのいるのか?めっぽういい?それなら行くよ、さっさと。」

㊻야、너、이거、벌써(副 すでに)、몇(数 いくつ)+번+째(接尾 …目)+야。
「おい、お前これがもう何回目だ?」

㊼뭐+ㄹ、보다のⅢ、들어가다のⅢ、들어가다のⅢ、어서。
「何を見てる。入れ。入れ早く。」

㊽너+때문+에、우리+집、신용(名 信用)、다、떨어지다(自 落ちる)のⅢ。
「お前のせいでうちの信用ガタ落ちだ。」

㊾새롭다のⅡ+ㄴ、애+냐。
「新しい子か?」

㊿주인+이、애쓰다(自 非常に努力する)のⅢ、어렵다(形 難しい)のⅠ+게、데려오다(他 連れて来る)のⅡ+ㄴ、아이(名 子)+이다のⅢ+요。
「主人が苦労して連れてきた子です。」

저렇게(副 あんなに)、매일(名 毎日)+밤、손님(名 お客様)+을、안+받다のⅠ+겠+다+고、앙탈(名 言い逃れ)+이다のⅠ+지、뭐+이다のⅢ+요、보다のⅡ+라+구。
「ああして毎日の夜お客様を取らないと、我を張るのよ。見てよ。」

(51)니+가、양가(名 良家)+집、처녀(名 未婚の女性)、행세(名 ふり)+를、하다のⅢ+보다のⅢ+ㅆ자(用尾 …しようとも)、너+ㄴ、소용없다(形 役に立たない)のⅢ。
「お前が良家の処女のふりをしてみようとも、無駄なんだよ」

(52)이、집+에、예쁘다(形 美しい)のⅡ+ㄴ、고래、하나、없다のⅠ+냐。
「この家にかわいい鯨一匹いないか?」

(53)너、다음+에、또、한+번+만、그러다のⅡ+면、너+ㄴ、가만(副 じっと)、안+놓다のⅢ+두다のⅢ。
「お前今度もう一度やったら、ただじゃおかない。」

(54)미란+이(不完名 名前の後につく愛称)+요。
「ミランさん。」

(55)이거+ㄴ、또、뭐+야。
「これはまた何だ?」

(56)미란+이+방、가다のⅢ+요。
「ミランの部屋に行きます。」

(57)미란+이+라니、이、자식+아。
「ミランだと、こいつ。」

얘(→이 아이:こいつ)、계산(名 計算)+되다のⅢ+ㅆのⅢ。
「こいつ、計算終わったか」

(58)아니+요。
「いいえ。」

⑥² **민우 :** 우성그룹 박회장의 막내 아들이
   요.
⑥³ **포주1 :** 그러셔? 진작…
⑥⁴ **포주2 :** 이거 오리지날 인데?
⑥⁵ **포주1 :** 언제 이렇게 컸어 박회장님 아
   들이?
   이것 참 사람 변…
   넌 저리 빠져.

ミヌ：ウソングループの会長の、末
息子ですよ。
ヤクザ1：そうか？早く言えよ。
ヤクザ2：オリジナルですぜ
ヤクザ1：いつの間にこんな大きく
なったんだ坊ちゃんよ。
見違えたぜ。
てめえに用はねえ。

59 너+ㄴ、이리+오다のⅢ、어디+ㄹ、가다のⅢ。
「お前こっちに来い。どこに行く?」

60 형님(名 兄貴)、오랜만+이유(→이요の方言)、무슨、언짢다(形 優れない)のⅡ+ㄴ、일、있다のⅠ+수(→소の方言)。「兄貴。久しぶりです。何か気が優れないことでもありますか?」

61 너+ㄴ、잔말(名 無駄口)+말다のⅠ+고、저리(代 あちらに)、빠지다(自 抜ける)のⅢ。
「お前はつべこべ言わず引っ込んでろ。」

62 우성(人名 ウソン)+그룹(名 グループ)、박+회장(名 会長)+의、막내(名 末っ子)아들+이오。
「ウソングループ、パク会長の末息子ですよ。」

63 그렇다のⅡ+시のⅢ、진작(副 前もって)。
「そうなのか?もっと早く…」

64 이거、오리지널(名 オリジナル)、이다のⅡ+ㄴ데。
「これオリジナルですぜ」

65 언제、이렇게、크다(自 育つ)のⅢ+ㅆ+어、박+회장+님(接尾 …様)、아들+이。
「いつこんなに大きくなったんだ、パク会長の息子が?」

너+ㄴ、저리、빠지다のⅢ。
「お前は引っ込め」

チュンジャの部屋

66 **병태:** 불을 끌까요?
왜? 내가 무서워요?
난 아무 힘도 없는
바보 멍텅구리 겁쟁이
병태에요 병태.
아가씨 이름은 뭐에요?
난 아가씨가 좋은데
아가씬 내가 싫은 모양이죠?
싫으면 나갈게요.
안녕히 계세요.
벙어리?
울지 말아요.
아까 맞은데 아프지 않아요?
말은 알아듣네.
난 이런데 처음이에요.
그런데 아가씬 왜 이런데 와있어요?
울보 아가씨구나.

ビョンテ：電気消す？
ねえ　僕が怖いの？
僕は、何のとりえもない
バカで、弱虫で、マヌケな、
ビョンテだよ、ビョンテ
君の名前は何？
僕は、君が好きなのに
君は、僕が嫌いみたい。
嫌なら出ていくよ。
おやすみなさい
話せない？
泣かないで。
ぶたれたところ、痛くない？
聞くのはできるね。
こんなところは初めてで
君はどうしてこんなところにいるの？
泣き虫だね。

66 불+을、끄다(他 消す)의Ⅱ+ㄹ까요。
「火を消しましょうか?」

왜、내+가、무섭다(形 怖い)의Ⅲ+요。
「どうしたの?僕が怖いの?」

나+ㄴ、아무、힘+도、없다의Ⅰ+는。
「僕は何の力もない、」

바보、멍텅구리、겁쟁이(名 臆病者)。
「バカ、マヌケ、臆病者」

병태+이다의Ⅲ+요、병태。
「ビョンテです。ビョンテ。」

아가씨、이름(名 名前)+은、뭐+이다의Ⅲ+요。
「お嬢さん、名前は何ですか?」

나+ㄴ、아가씨+가、좋다의Ⅱ+ㄴ데。
「僕はお嬢さんが好きだけど、」

아가씨+ㄴ、내+가、싫다의Ⅱ+ㄴ、모양(名 様子)+이다의Ⅰ+죠。
「お嬢さんは僕が嫌なようですね?」

싫다의Ⅱ+면、나가다의Ⅱ+ㄹ게요。
「嫌なら出て行きますから。」

안녕히、계시다의Ⅲ+요。
「さようなら。」

벙어리(名 口のきけない人)。
「口のきけない人?」

울다(自 泣く)+지、말다의Ⅲ+요。
「泣かないでください。」

아까、맞다(自 殴られる)의Ⅱ+ㄴ+데、아프다의Ⅰ+지、않다의Ⅲ+요。
「さっき殴られたところ痛くないですか?」

말+은、알아듣다(他 聞き取る)의Ⅰ+네。
「言葉は聞き取れるね」

나+ㄴ、이런+데、처음(名 初めて)+이다의Ⅲ+요。
「僕はこんな所初めてです。」

그런데(接 ところで)、아가씨+ㄴ、왜、이런+데、오다의Ⅲ、있다의Ⅲ+요。
「ところでお嬢さんはなぜこんな所に来ているの?」

울보(名 泣き虫)、아가씨+구나(尾 …だね)。
「泣き虫お嬢さんだね。」

健全歌謡

　皆さんは「健全歌謡」という言葉を聞いたことがありますか。ニヤッとしたあなたは70～80年代の韓国の音楽がお好きですね。「**나의 조국**（私の祖国）」「**우리의 소원**（われらの願い）」「**시장에 가면**（市場に行けば）」など、体制が「健全」と認定した歌謡、日本で例えるなら「文部省唱歌」のようなものです。軍事政権下（正確には1976～87年）の韓国でミュージシャンがアルバムを発表しようと思ったら、必ずこの健全歌謡を1曲、収録しなければいけませんでした。曲目リストの中に突如登場する健全歌謡は、あたかもそれ以外の曲が不健全であるかのような印象さえ与えます。

　この時代には、芸術文化委員会や公演倫理委員会といった審議機関が設けられ、歌詞の検閲などが行われたり、不適切と見なされた楽曲の放送禁止処分が下されたりしました。外国風だとか、歌詞が低俗・退廃的といった理由で放送禁止になった曲は、68年から83年までの15年間で452曲。私が愛聴する申重鉉（シン・ジュンヒョン）や宋昌植（ソン・チャンシク）といった歌手の曲も、ことごとく禁止曲になっています。

　また、長髪やミニスカートも、公序良俗を害するとして取締の対象となりました。警察官が街で髪の長い男を見つけると、取り押さえてハサミで髪を切るといった光景が、わずか30年前の韓国では日常だったのです。

　圧政下において、こうした異様な事態がまかり通るのは、世の古今東西を問わないことですが、政治が音楽などの文化を統制した度合いで言えば、この時代の韓国は特筆すべきものがあると思います。（ただし、その統制のモデルが、日本の植民地期にあったことを、私たちは忘れてはなりません）。今となっては過去の笑い種で片付けられてしまうことかもしれませんが、ここで一度、どうして為政者はそんなことをするのか、あるいは、そうした時代を人々がどう生きたかに思いを巡らせ、今を生きる私たちの教訓とするのも、一興ではないかと思います。

　ちなみに、全斗煥政権は国民の目を政治から背けるために、スポーツや映画といった娯楽産業を奨励した（頭文字を取って3Sと呼ばれます。もうひとつのSは推して知るべし）と言われます。82年にはプロ野球が発足し、カラーテレビ放送もスタート。「国風」という官製の学生祭典が開かれたり、各局の大学歌謡祭がスタートしたりしたのもこの時期です。

　こうした状況と、民主化を求める気運が相まって、80年代中盤には、映画や音楽の分野でも、それまで扱えなかったテーマを扱った作品や、これまでの作風と一線を画す作品が多数生み出されました。映画については「韓国ニュー・ウェーブ」、音楽については「韓国ロック・ルネッサンス」と呼ばれるその作品群は、当時を生きた人々の思いを現代に伝える、貴重な証言であると言えます。

　1987年の6・29民主化宣言をきっかけに、健全歌謡の音盤挿入義務制は解除され、禁止曲の多くも放送解禁となりました。6・29民主化宣言が韓国の社会をいかに大きく変えるものであったかを、窺い知るエピソードです。

Chapter 5

🎞 " 宿 "

① **춘자:** 안되예. 살려주이소.
어무이예. 날 데려가 주이소.
어무이예. 어무이.

② **병태:** 아가씬 말을 했어요.
또렷하게 말을 했어요.
아가씬 벙어리가 아니에요.
어머닌 어디 계세요?
고향에?
고향엘 가고 싶어요?
고향이 어디에요?
"내 고향은 우도에요"
이름은?
"춘자"

③ **병태:** 춘자? 이름이 촌스럽구나.

④ **포주1:** 고향에 데려다 달라는
수작이야?
같이 온 거지새끼 어디 갔어?

⑤ **포주3:** 새벽에 토낀 것 같습니다.

⑥ **포주1:** 들어가서 껍데기 벳겨.

⑦ **포주3:** 나와 너. 나와.

⑧ **포주1:** 이게 왜 이리 속을 썩이나 그래?

チュンジャ: や、やめて。お願いです。
お母さん　私も連れていって。
助け、助けて。お母さん。お、お母さん。

ビョンテ: 今話してたよ。
この耳で聞いたよ。
君は　話せないんじゃない。
お母さんはどこ？
田舎に？
お母さんに会いたい？
田舎はどこ？
「私の田舎は牛島です」
名前は？
「チュンジャ」

ビョンテ: チュンジャ？　田舎っぽい名前だ

ヤクザ1: なに、田舎に連れてってくれって算段か？連れの乞食野郎はどこ行った？

ヤクザ3: 姿を、くらましたようです。

ヤクザ1: こいつの身ぐるみはげ。

ヤクザ3: 出ろ。来い。

ヤクザ1: まったく面倒かけやがって。

① 안+되다+예(요の方言)、살리다(他 生かす)のⅢ+주다のⅡ+이소(시+ㅂ시오の方言)。
「だめです。生かしてください。」

어무이(어머니の方言)+예、나+ㄹ、데려가다のⅢ+주다+이소。
「お母さん。私を連れて行ってください。」

어무이+예、어무이「お母さん。お母さん。」

② 아가씨+ㄴ、말+을、하다のⅢ+ㅆのⅢ+요、또렷하다(形 はっきりとしている)のⅠ+게、말+을+하다のⅢ+ㅆのⅢ+요。
「お嬢さんは話しました。はっきりと話しました。」

아가씨+ㄴ、벙어리+가、아니다のⅢ+요。
「お嬢さんは聾唖じゃないです。」

어머니(名 母)+ㄴ、어디、계시다のⅢ+요。
「お母さんはどこにいらっしゃいますか？」

고향(名 故郷)+에。
「故郷に？」

고향+엘(尾 …に)、가다のⅠ+고、싶다のⅢ+요。
「故郷に行きたいですか？」

고향+이、어디+이다のⅢ+요。
「故郷はどこですか？」

내、고향+은、우도(地名【牛島】)+이다のⅢ+요。
「私の故郷はウドです。」

이름+은。
「名前は？」

춘자(人名 チュンジャ)。
「チュンジャ」

③ 춘자、이름+이、촌스럽다(形 田舎くさい)のⅠ+구나。
「チュンジャ？名前が田舎くさいな。」

④ 고향+에、데리다のⅢ+다(用尾 〜して)、달다のⅠ+는、수작(名 （行動、計画などを卑下していう語）仕業)+이야。
「故郷に連れていってくれという算段か？」

같이、오다のⅡ+ㄴ、거지+새끼、어디、가다のⅢ+ㅆのⅢ。
「一緒に来た乞食のやつどこ行った？」

⑤ 새벽(名 夜明け)+에、토끼다(自 （俗語で）逃げる)のⅡ+ㄴ、것、같다のⅠ+습니다。
「明け方に姿をくらましました。」

⑥ 들어가다のⅢ+서、껍데기(名 殻)、뱃기다(→벗기다の方言 他 脱がす)のⅢ。
「入って身ぐるみはげ。」

⑦ 나오다のⅢ、너。
「出てこい、おまえ。」

⑨ **포주3 :** 일어서 앉어.
　동작이 뜨다. 앉으라는데.
　쪼그려 뛰기 500회 실시다잉.
⑩ **병태 :** 시.. 실시.
⑪ **포주3 :** 실시
⑫ **병태 :** 시.. 실시.
⑬ **여자들 :** 꼴 좋게 됐네.
⑭ **포주1 :** 너 내가 얼마나 공들여 널 데
　려온줄 알아?
　이게 도망갈 수작이나 하고.
　얼마나 굶어야 정신 차리겠어?
　너 정말. 아이고 이걸 그냥.

ヤクザ3：立て、座れ。
モタモタすんな、座れっちゅうに。
アヒル500回、始め。
ビョンテ：は、始め。
ヤクザ3：始め！
ビョンテ：始め！
女たち：見てらんないね。
ヤクザ１：お前のためにいくら積んだと思ってんだ。なのに逃げる算段なんかしやがって。いったい何度痛い目に遭えば気が済むんだ、お前ってやつは。あー頭に来る。

動物園の池

⑮ **민우 :** 왠일이야 고래사냥꾼?
　너 거지꼴 다 됐구나.
　달밤에 체조할일 있냐?
　너 아주 시원허겄다.
⑯ **병태 :** 악당 사기꾼 배신자！
⑰ **민우 :** 다 널 위해서 그랬던거야.
　그런 수모를 당해봐야
　넌덜머리가 나서
　집에 돌아갈거 아니냐.
　항복 항복.

ミヌ：何の用かな、鯨とり君？
すっかり乞食らしくなったな。
風呂でも、入りに来たか。
さぞかし、さっぱりしたろうな。
ビョンテ：この詐欺師、裏切者！
ミヌ：あれもお前のためを思ってだ。
一度、痛い目に遭えば、
懲りて家に、
帰ると思ってだ。
降参、降参、降参。

⑧이게、왜、이리(副 このように)、속(名 中、気持ち)+을、썩이다(他 腐らせる)のⅠ+냐、그러다のⅢ。
「こいつなぜこうも気持ちを腐らせるかな?」

⑨일어서다(自 立ちあがる)のⅢ、앉다のⅢ。
「立ち上がれ、座れ。」

동작(名 動作)+이、뜨다(形 のろい)のⅠ+다、앉다のⅡ+라+는데。
「動作が遅い。座れといったのだが。」

쪼그리다(→쭈구리다 自 しゃがむ)のⅢ、뛰다のⅠ+기、500+회(名数 …回)、
실시(名 実施)+다+잉。
「しゃがみ跳び500回実施だ。」

⑩실시。
「実施」

⑬꼴(名 様子、さま)、좋다のⅠ+게、되다のⅢ+ㅆのⅠ+네。
「良いざまになったな。」

⑭너、내+가、얼마+나(尾 …な)、공(名 手柄)+들이다(使 入れる) のⅢ、너+ㄹ、데려오다(他 連れてくる)のⅡ+ㄴ、줄、알다のⅢ。
「お前、俺がどれだけ苦労してお前を連れてきたと思う?」

이게、도망+가다のⅡ+ㄹ、수작+이냐、하다のⅠ+고。
「こいつ逃げる算段などして」

얼마+나、굶다(自 飢える)のⅢ+야、정신(名 精神)+차리다のⅠ+겠のⅢ。
「どれほど飢えてはじめて正気になるんだ?」

정말、아이고、이거+ㄹ、그냥(副 ただ、そのまま)。
「まったく、どうしたもんだ。」

⑮왠일(名 どうした事)+이야、고래+사냥(名 狩り)+꾼(接尾 〜に従事する人)。
「何か用か、鯨とり?」

너、거지+꼴、다+되다のⅢ+ㅆのⅠ+구나。
「お前、すっかり乞食らしくなったな。」

달(名 月)+밤+에、체조(名 体操)+하다のⅡ+ㄹ+일、있다のⅠ+냐。
「月夜に体操するのか。」

너、아주、시원허다(→시원하다の方言。形 さわやかだ)+겠+다。
「お前さぞ、さっぱりしただろう。」

⑯악당(名 悪党)、사기+꾼、배신자(名 背信者)。
「悪党、詐欺師、裏切り者」

⑰다、너+ㄹ+위하다(他 〜の為を思う)のⅢ+서、그러다のⅢ+ㅆのⅠ+던+거+야。
「すべてお前のためにやったんだ。」

그런、수모(名【受侮】侮辱)+를、당하다のⅢ+보다のⅢ+야、넌덜머리(=넌더리、名 嫌気)+가、나다のⅢ+서、집+에、돌아가다のⅡ+ㄹ+거、아니다のⅠ+냐。
「そんな侮辱を受けてみてはじめて嫌気がさして家に帰っていくんじゃないか?」

動物園の一角

⑱ **민우**：너 그 계집애하고 재미좋았나?

⑲ **병태**：난 그여자에게 동정을 잃었어요.
난 어릴때부터
동정을 바친 여자한테
결혼하고 싶었어요.

⑳ **민우**：야 요즘 세상에 보기 드문
순정파 총각이구나.
일류대학의 김병태군과
몸을 파는 아가씨의 애틋한 순애보.
주간지 톱뉴스 감인데.
영화로 만들어도 되겠다.
눈물의 웨딩드레스.
비련의 벙어리 아가씨.

㉑ **병태**：그앤 벙어리가 아니에요.
어떤 충격 때문에
말을 잃어버린거 뿐 이에요.

㉒ **민우**：주접 떨지 말고
자빠져 잠이나 자.

㉓ **병태**：난 그앨 구해주고 싶어요.
그애가 날더러
고향에 데려다 달라고 했어요.
난 그 여자를 구해주고 싶어요.
그래서 그 여자의 말을
찾아주고 싶어요.

ミヌ：あの女とは、よろしくやったのか？

ビョンテ：僕はあの人に、初めてを捧げたよ。
決めてるんだ。
初めての女性と、一生添い遂げるって。

ミヌ：このご時世まれにみる、純情青年だな。
一流大学の学生と、
春を売る女の、純愛物語。
週刊誌が飛びつくぞ
映画にしてもいいな
涙のウェディングドレス。
口の、きけない花嫁。

ビョンテ：彼女は話せるよ。
何かのショックで　言葉を失っただけで。

ミヌ：御託並べないで、とっとと寝るんだな

ビョンテ：僕は　彼女を救いたい。
頼まれたんだ、
ふるさとに帰りたいって。
望みをかなえてあげたい。
そして言葉を
取り戻してあげたい。

항복(名 降伏)、항복。
「降伏、降伏」

⑱ 너、그、계집애+하고、재미(名 面白味)+좋다의Ⅲ+ㅆ+ㅣ+냐。
「お前あの女とよろしくやったか?」

⑲ 나+ㄴ、그+여자+에게、동정+을、잃다(他 なくす)의Ⅲ+ㅆ의Ⅲ+요。
「僕はあの女に童貞を失いました。」

나+ㄴ、어리다의Ⅱ+ㄹ+때+부터。
「僕は幼い時から、」

동정+을、바치다의Ⅱ+ㄴ、여자+한테、결혼+하다의Ⅰ+고、싶다의Ⅲ+ㅆ의Ⅲ+요。
「童貞を捧げた女と結婚したかったです。」

⑳ 요즘、세상(名 世間)+에、보다의Ⅰ+기+드물다(形 まれだ)의Ⅱ+ㄴ、순정(名 純情)+파(接尾 …派)、총각+이다의Ⅰ+구나。
「このご時世にまれに見る純情派青年だな。」

일류(名 一流)+대학(名 大学)+의、김병태+군+과、몸+을、팔다(他 売る)의Ⅰ+는、아가씨+의、애틋하다(形 もの悲しい)의Ⅱ+ㄴ、순애보(名 純愛譜)。
「一流大学のキム・ビョンテ君と体を売るお嬢さんの悲しい純愛譜。」

주간지、톱뉴스(名 トップニュース)+감(接尾 材料)+이다의Ⅱ+ㄴ데。
「週刊誌のトップニュースの材料だけど。」

영화(名 映画)+로、만들다(他 作る)의Ⅲ+도、되다의Ⅰ+겠+다。
「映画にしてもよさそうだ。」

눈물(名 涙)+의、웨딩드레스(名 ウェディングドレス)。
「涙のウェディングドレス。」

비련(名 悲恋)+의、벙어리、아가씨。
「悲恋の聾唖の娘。」

㉑ 그+애+ㄴ、벙어리+가、아니다의Ⅲ+요。
「あの子は聾唖じゃありません。」

어떤、충격(名 衝撃)+때문에、말+을、잃다의Ⅲ、버리다(他 〜してしまう)의Ⅱ+ㄴ+거、뿐(不完名 …だけ)+이다의Ⅲ+요。
「何かの衝撃のせいで言葉を失ってしまっただけです。」

㉒ 주접 떨다(自 意地汚く欲を出す)의Ⅰ+지、말다의Ⅰ+고、자빠지다(自 転がる)의Ⅲ、잠+이나、자다의Ⅲ。
「つまらないこと言ってないで転がって寝るんだな」

㉓ 나+ㄴ、그+애+ㄹ、구하다(他 救う)의Ⅲ+주다의Ⅰ+고、싶다의Ⅰ+요。
「僕はあの子を救ってあげたいです。」

그+애+가、나+ㄹ+더러(尾 …に)、고향+에、데리다의Ⅲ+다、달라다의Ⅰ+고、하다의Ⅲ+ㅆ의Ⅲ+요。
「あの子が僕に故郷に連れていってくれと言いました。」

나+ㄴ、그+여자+를、구하다의Ⅲ+주다의Ⅰ+고、싶다의Ⅲ+요。

㉔ **민우**: 니가 뭔데
그 계집앨 구해주겠다는 거냐?
니가 뭔데 그 계집애 말을
찾아주겠다는 거야.
너 겨우 하룻밤 만리장성 쌓았다고
그 계집애가 네꺼라도 된 기분이야?
다 건방진 수작질이야.
그런 맘 버려.

㉕ **병태**: 난 벌써 모든걸 버렸어요.
난 학생도 아니고 아무 것도 아니에요.
난 형하고 똑같은..
거지에요.

㉖ **민우**: 안경 쓴 거지 봤니?

㉗ **병태**: 절 도와주세요.
그앨 꼭 고향에 데려다주고 싶어요.

㉘ **민우**: 그 벙어리 계집애가
니가 찾아 헤맨 고래라도 되는거냐?
앞으로 널 내 부하로 삼겠다.
날 왕초라고 불러.

㉙ **병태**: 왕초!

ミヌ：どうしてお前が、あいつを救わにゃならん？
どうしてお前が、言葉を取り戻してやらにゃならん？
たかが、一夜を共にしたぐらいで、自分のものになったとでも思うのか？大きなお世話ってもんだ
思い上がるな。

ビョンテ：思い上がってなんかないよ
僕は大学生でも、何でもない
僕もあなたと同じ…
乞食だ。

ミヌ：眼鏡かけた乞食だと？

ビョンテ：力を貸して
彼女を、ふるさとに送り届けたい。

ミヌ：あの女が、
お前の探す、鯨なのか？
お前を子分にすることにした
親分と呼べ

ビョンテ：親分！

「僕はあの女を救ってあげたいです。」

그래서、그+여자+의、말+을、찾다의Ⅲ+주다의Ⅰ+고、싶다의Ⅲ+요。
「そしてあの女の言葉を取り戻してあげたいです。」

㉔니+가、뭐+ㄴ데、그、계집애+ㄹ、구하다의Ⅲ+주다의Ⅰ+겠+다+는、거+냐。
「お前が何だからってあの女を救ってやろうというんだ?」

니+가、뭐+ㄴ데、그、계집애、말+을、찾다의Ⅲ+주다의Ⅰ+겠+다+는、거+야。
「お前が何だからってあの女の言葉を取り戻してやろうというのだ。」

겨우(副 やっと)、하룻밤(名 一晩)、만리장성(名 万里の長城)、쌓다(他 積む)의ㅆ다+고、그、계집애+가、네(代 お前の)+꺼(→ㅅ거 ～のもの)+라도、되다의Ⅱ+ㄴ、기분(名 気分)+이야。
「たかが一晩万里の長城を積んだといって、あの女がお前のものにでもなった気分か?」

다、건방지다(形 生意気だ)의Ⅱ+ㄴ、수작+질(接尾 …行為を卑しめて呼ぶ言葉)+이야。
「すべて生意気なおこないだ。」

그런、맘(名 心)、버리다의Ⅲ。
「そんな心は捨てろ。」

㉕나+ㄴ、벌써、모든+거+ㄹ、버리다의Ⅲ+ㅆ의Ⅲ+요。
「僕はもう何もかも捨てました。」

나+ㄴ、학생(名 学生)+도、아니다의Ⅰ+고、아무것+도、아니다의Ⅲ+요。
「僕は学生でもなく、何者でもありません。」

나+ㄴ、형+하고、똑+같다의Ⅱ+ㄴ。
「僕はあなたと同じ…」

거지+이다의Ⅲ+요。
「乞食です。」

㉖안경(名 眼鏡)、쓰다의Ⅱ+ㄴ、거지、보다의Ⅲ+ㅆ의Ⅰ+나。
「眼鏡かけた乞食を見たか?」

㉗저+ㄹ、돕다의Ⅲ+주다의Ⅱ+시의Ⅲ+요。
「僕を助けてください。」

그+애+ㄹ、꼭(副 必ず)、고향+에、데리다의Ⅲ+주다의Ⅰ+고、싶다의Ⅲ+요。
「あの子を必ず故郷に連れていってあげたいです。」

㉘그、벙어리、계집애+가、니+가、찾다의Ⅲ、헤매다(他 さまよう)의Ⅱ+ㄴ、고래+라도、되다의Ⅰ+는+거+냐。
「あの聾唖の女がお前が探しさまよった鯨だとでもいうのか?」

앞(名 前)+으로、너+ㄹ、내、부하(名 部下)+로、삼다(他 みなす)의Ⅰ+겠+다。
「これからお前を俺の部下とみなそう。」

나+ㄹ、왕초(名 親分)+라고、부르다(他 呼ぶ)의Ⅲ。
「俺を親分と呼べ。」

㉙「親分!」

2つの「鯨とり」

　某月某日、事務所の電話が鳴りました。とある韓流番組を作っている制作会社から、宋昌植（ソン・チャンシク）を取り上げたいので、映画「鯨とり」の映像を貸してほしいとのことでした。

　宋昌植は1970年代から活躍するフォークシンガーです。軍事政権の覚えがめでたくなく、発売した曲が放送禁止曲に指定されることもしばしばでした。韓国の伝統衣装を着てギターをつま弾くその人柄は、いかにも温和そうですが。

　映画と同名の「鯨とり」という曲は、確かに彼の代表曲のひとつではあります。しかし、これは1975年の映画「馬鹿どもの行進」の挿入歌で、1984年の映画「鯨とり」には使われていません。

　とはいえ、これを単なる勘違いとしてしまうのは、もったいない。「馬鹿どもの行進」と「鯨とり」は共に、崔仁浩の通称「馬鹿シリーズ」と呼ばれる、一連の小説が原作になっています。このシリーズでは、一貫して、さえない若者の自分探しがテーマだったり、登場人物の名前がビョンテやミヌやヨンジャだったりと、少なからぬ連続性があります。「鯨をとりに東海に行く」というモチーフも、「馬鹿どもの行進」ですでに見られます。

　また、宋昌植の「鯨とり」の歌詞は、崔仁浩の小説のセリフと酷似しています（時々作詞のクレジットが崔仁浩になっていたりします）。仮に1975年の時点で崔仁浩と宋昌植の間に何かしらの共感帯や共通の時代感覚があったとしたら、そしてそれが映画「鯨とり」の源流になっていたとしたら、歌「鯨とり」と映画「鯨とり」の関係を考察検証する作業は、70-80年代韓国の文学・映画・音楽にまたがる水流を探り当てるという、この上なくスリリングで壮大なプロジェクトになるはずです。

　ということで、制作会社の方に、「おそらく1時間番組くらいになりますよ」と答えたところ、「興味深い話だが、自分たちの番組では扱えないので、なかったことにしてくれ」と言われ、話は数時間で立ち消えました。もしこの文章をお読みの方の中に、骨のあるテレビマンがいらっしゃいましたら、ぜひ弊社までご連絡ください。崔仁浩や宋昌植のインタビューを撮りに行きましょう。

Chapter 6

"宿"

1. **포주1**: 얘를 내가 다뤄놔야
   말을 고분고분 듣겠지?

2. **민우**: 임마 들어가.
3. **병태**: 왕초먼저 가야죠.
4. **민우**: 왕초는 급할때만 나서는거야.
   빨리 가.
5. **민우**: 야 이쪽 이쪽.

6. **포주1**: 아니 근데 이년이.
   이게 어딜...
7. **수경**: 도.. 도.. 도둑.
   도둑이야!

8. **민우**: 불이야!

9. **민우**: 벙어리 처녀 어디 있니?
10. **설희**: 벙어리 처녀요? 저 골방에.

11. **포주1**: 이게 어떻게 된거야?
    얘 누구야.
    어딜.. 넌 못가.

ヤクザ1: こいつも一度、抱かれりゃ、観念しておとなしくなるだろう。

ミヌ: さあ、探してこい。
ビョンテ: 親分が先でしょ。
ミヌ: おい、親分が先陣切ってどうする？　早く行け。
ミヌ: おい、こっち、こっちだ。

ヤクザ1: このアマ、やりやがったな。観念しろ。
スギョン: ど、ど、ドロボー！
ドロボー！

ミヌ: 火事だー！

ミヌ: しゃべれない新入りはどこだ？
ソリ: 昨日の子？向こうの部屋よ。

ヤクザ1: 何事だ？
誰だ？
待ちやがれ、逃がすもんか。

① 얘+를, 내+가, 다루다의Ⅲ+놓다의Ⅲ+야, 말+을, 고분고분(副 素直に), 듣다(他 聞く)의 I+겠
의Ⅲ+지.
「こいつ、俺が手なずけておけば言うことを素直に聞くだろう?」

② 임마, 들어가다의Ⅲ.
「おい、行け。」

③ 왕초+먼저, 가다의Ⅲ+야+죠.
「親分が最初に行かないと。」

④ 왕초+는, 급하다(形 急だ)의ㄹ+때+만, 나서다(自 進み出る)의 I+는+거+야, 빨리(副 早く)+가다의Ⅲ.
「親分は困った時だけ出ていくんだ。早く行け。」

⑤ 야+이쪽(代 こっち).
「おい、こっちだ、こっちだ。」

⑥ 아니, 근데(副 ところで) 이+년+이.
「やあ、ところでこのアマが」
이게, 어딜.
「こいつ、どこへ。」

⑦ 도둑.
「ど…ど…泥棒。」
도둑+이야.
「泥棒だ!」

⑧ 불+이야.
「火だ!」

⑨ 벙어리+처녀, 어디+있다의 I+니.
「聾唖の女はどこにいる?」

⑩ 벙어리+처녀+요, 저, 골방(名 わき部屋)+에.
「聾唖の女ですか?あのわき部屋に。」

⑪ 이게, 어떻게, 되다의Ⅱ+ㄴ+거야(尾 …のか).
「いったいこれはどうなっているのか。」

얘(間 こらっ), 누구+야.
「こら、だれだ。」

어딜, 넌+못가다의Ⅲ.
「どこへ、お前は行けない」

🎞 路地

12 **민우**: 바이.
13 **부하**: 잡아라.
14 **부하**: 도둑이다 잡아라.
15 **부하**: 저 놈 잡아라.
16 **부하**: 가봐 계속 날뛰라지.
17 **부하**: 고춧가루.
18 **부하**: 아이 눈이야.
19 **포주3**: 어딜가 이거.
　아이구 나 죽네.
20 **병태**: 왕초 빽 빽.
　왕초 운전 할줄알아?
21 **민우**: 잘 몰라.
　10년만에 처음 해보는거야.
22 **병태**: 왕초 어이 어이. 왕초.
23 **부하**: 잡아라.
24 **포주3**: 아이구 아이구 다리야.

ミヌ：バーイ。
ヤクザたち：つかまえろ。
ヤクザたち：どろぼうだ、つかまえろ。
ヤクザたち：あいつをつかまえろ。
ヤクザたち：行け、やっつけちまえ。
ヤクザたち：とうがらしだ。
ヤクザたち：ああ、目が。
ヤクザ2：逃がすかっちゅーの
　ああ、痛え。
ビョンテ：親分、バックバック。
　運転できるの？
ミヌ：さあ、どうだかな。
　10年やってないからな。
ビョンテ：親分ストップ、ストップ、親分！
ヤクザたち：つかまえろ。
ヤクザ3：ちきしょう。

🎞 市街

25 **민우**: 이제 어디로 가야지?
26 **병태**: 춘자의 고향으로 가야죠.
27 **민우**: 고향이 어딘데?
28 **병태**: 잊어버렸어요.
　무슨 섬이라고 그랬는데.

ミヌ：さあ、どこに行けばいい？
ビョンテ：チュンジャのふるさとさ
ミヌ：そりゃどこなんだ？
ビョンテ：お？　忘れちゃった、確かどこかの島…

⑫바이(bye-bye)
「バーイ」

⑬잡다의Ⅲ+라.
「捕まえろ」

⑭도둑+이다、잡다의Ⅲ+라.
「泥棒だ、捕まえろ」

⑮저+놈、잡다의Ⅲ.
「あいつを捕まえろ」

⑯가보다의Ⅲ+계속+날뛰다의Ⅱ+라지.
「行け、暴れろってんだ」

⑰고춧가루(名 唐辛子の粉).
「ああ、とうがらし」

⑱아이、눈+이야.
「ああ、目が」

⑲어딜+가다의Ⅲ、이거.
「どこへ行く、こいつ」

아이구、나+죽다의Ⅰ+네.
「ああ、おれは死ぬ」

⑳왕초、빽(名 バック)、빽、왕초、운전(名 運転)하다의Ⅱ+ㄹ+줄+알다의Ⅲ.
「親分、バック、バック。親分運転できる?」

㉑잘、모르다의Ⅲ、10+년+만+에、처음(副 初めて)、하다의Ⅲ+보다의Ⅰ+는+거+야.
「よく分からない。10年ぶりにやってみるんだ。」

㉒왕초、어이(→어이구 間:ああ).
「親分、あわわ。親分。」

㉓잡다의Ⅲ+라.
「つかまえろ。」

㉔아이구、다리+야.
「ああ、足が。」

㉕이제、어디+로、가다의Ⅲ+야+지.
「ここからどこへ行くべきだ?」

㉖춘자+의、고향+으로、가다의Ⅲ+야+죠.
「チュンジャの故郷へ行かないと。」

㉗고향+이、어디+ㄴ데.
「故郷はどこだ?」

㉘잊다(他 忘れる)의Ⅲ、버리다의Ⅲ+ㅆ의Ⅲ+요.
「忘れてしまいました。」

무슨、섬(名 島)+이다의+라고、그러다의Ⅲ+ㅆ의Ⅰ+는데.
「何かの島だと言ったけど。」

㉙ **민우**: 뭐 섬? 뚝섬?
㉚ **병태**: 아니요.
㉛ **민우**: 여의도?
㉜ **병태**: 아니요.
㉝ **민우**: 대마도? 양산도?
㉞ **병태**: 생각났다. 우도에요 우도.

㉟ **민우**: 뭐? 우.. 우도?
이거 잘못 걸렸네.
우도면 동해안 맨끝에 있는 섬 아냐.

삽입곡 : [나도야 간다]
집으로 돌아갈때 표를 사들고
지하철 벤치위에 앉아 있었네
메마른 기침소리 돌아보니까
꽃을든 여인하나 울고 있었네
마지막 지하열차 떠난 자리에
그녀는 간데없고 꽃한송이뿐
나도야 간다 나도야 간다
젊은세월을 눈물로 보낼수 있나
나도야 간다 나도야 간다
사랑찾아 나도야 간다

ミヌ：何？　島？　トゥク島？
ビョンテ：違う
ミヌ：ヨイド？
ビョンテ：違う
ミヌ：テマド？ヤンサンド？
ビョンテ：ああ、思い出した、ウドだよウド。
ミヌ：え？　ウ、ウド？
ああ、こりゃ厄介だ。
ウドってたら東海岸の端っこじゃないか？

挿入曲 [ナドヤ　カンダ]
家への帰り道、キップを買って
地下鉄の駅のベンチに座っていた
かわいた咳に後ろを振り返ると
花を持った女が１人で泣いていた
最後の電車が発ったあと
彼女の姿はなく花が一輪残っていた
僕も行こう、僕も行くぞ
僕らは若い、泣いてはいられない
僕も行こう、僕も行くぞ
愛を探して、いざ行こう

㉙뭐、섬、뚝섬(地名 トゥクソム)。
  「何?島?トゥクソム?」
㉚아니+요。
  「いいえ。」
㉛여의도(地名 汝矣島)。
  「ヨイド?」
㉜아니+요。
  「いいえ。」
㉝대마도(地名 対馬島)、양산도(地名 陽山道)。
  「テマド?ヤンサンド?」
㉞생각나다(自 思い出される)のⅢ+ㅆ+다、우도+이다のⅢ+요、우도。
  「思い出された。ウドです。ウド。」
㉟뭐、우도。
  「何?ウド?」
  이거、잘못(副 間違えて)+걸리다(自 かかる)のⅢ+ㅆ+네。
  「こいつは面倒なことに関わった。」
  우도+면、동해안(名 東海岸)、맨(冠 一番)+끝(名 終わり)+에、있다のⅠ+는、섬、아니다のⅢ。
  「ウドといえば東海岸の一番はてにある島じゃないか。」

歌詞の説明は省略(コラム参照)

🎞 雪道

㊱ **민우**: 좀 더 세게 밀어봐.
㊲ **병태**: 이제 지쳐서 못하겠어요.

㊳ **민우**: 이거 어디 캬뷰렐라에
이상 있는거 아니냐?
㊴ **병태**: 캬뷰렐라가 뭔지 아세요?
엔꼬에요 엔꼬.
㊵ **민우**: 어 엔꼬가 고장났구나.
㊶ **병태**: 기름이 떨어졌다구요.

㊷ **민우**: 야 너 꼬불친 돈 없냐?

㊸ **병태**: 없어요.
㊹ **민우**: 벙어라. 너 돈 있지?
머니 말이야.
춥고 배고프고 갈길은 멀고.

ミヌ：おいもっと強く押せ。
ビョンテ：こっちももう限界だよ。

ミヌ：これってあの、キャブレター
の故障じゃないか?
ビョンテ：キャブレターが何か知っ
てる?エンコだよ、エンコ。
ミヌ：ああ、エンコの故障だったか。
ビョンテ：ガソリンが切れたんだよ。

ミヌ：なあ、お前　小銭でも持って
ないか?
ビョンテ：ないよ。
ミヌ：じゃあお前、持ってるよな?
マネーだよ。
寒いし 腹は減るし。

🎞 農道

㊺ **민우**: 그럭저럭 내 양말이 너한테도
맞는구나.

㊻ **경운기 사내**: 자 다왔습니다.
내리세요 난 저쪽으로 가요.
㊼ **민우**: 감사합니다.

ミヌ：その靴下お前によく似合って
るぞ。

耕運機の男：さあ、ここまでだ。
おいらは向こうに行くから
ミヌ：助かりました。

㊱좀、더、세다의Ⅰ+게、밀다(動 押す)의Ⅲ+보다의Ⅲ。
「もう少し強く押してみろ。」

㊲이제、지치다(自 疲れ果てる)의Ⅲ+서、못+하다의Ⅰ+겠의Ⅲ+요。
「もう疲れてできません。」

㊳이거、어디、캬뷰렐라(名 キャブレター)+에、이상(名 異常)、있다의Ⅰ+는+거、아니다의Ⅰ+냐。
「これ、どこか、キャブレターに異常があるんじゃないか？」

㊴캬뷰렐라+가、뭐+ㄴ지(用尾 …か)、알다의Ⅱ+시의Ⅲ+요。
「キャブレターが何か知っていますか？」

엔꼬(名 エンコ)+이의Ⅲ+요、엔꼬。
「エンコです、エンコ。」

㊵엔꼬+가、고장(名 故障)+나다의Ⅲ+ㅆ구나。
「エンコが故障したのだなあ。」

㊶기름(名 油)+이、떨어지다(自 なくなる)의Ⅲ+ㅆ다+구+요。
「ガソリンが切れたんですって。」

㊷너、꾀불치다의Ⅱ+ㄴ、돈、없다의Ⅰ+냐。
「お前、非常金はないか？」

㊸없다의Ⅲ+요。
「ありません。」

㊹벙어라。너、돈、있다의Ⅰ+지。
「聾唖。お前、金、あるだろ？」

머니(money)、말+이야。
「マネーのことだよ」

춥다(形 寒い)의Ⅰ+고、배(名 お腹)+고프다(形 すいている)의Ⅰ+고、가다의Ⅱ+ㄹ+길(名 道)+은、멀다(形 遠い)의Ⅰ+고。
「寒いし腹は減るし先は長いし。」

㊺그럭저럭(副：どうにかこうにか)、내、양말+이、너+한테+도、맞다의Ⅰ+는+구나。
「どうにか俺の靴下がお前にも似合ってるな。」

㊻자、다+왔습니다。
「さあ、着きました」

내리다의Ⅱ+세요、나+ㄴ、저쪽+으로、가다의Ⅲ+요。
「降りてください。私はあちらの方へ行きます。」

㊼감사(名 感謝)합니다。
「ああ、ありがとうございます。」

㊽오늘、한+끼+도、먹다의Ⅰ+지 못하다(他 〜できない)의Ⅲ+ㅆ의Ⅲ。
「今日、一食も食べられなかった。」

단(冠 たった)、한+끼+도、굶다의Ⅰ+지 않다의Ⅰ+는、게、거지+의、철칙(名 鉄則)+이다의Ⅱ+ㄴ데。
「たった一食も欠かさないのが乞食の鉄則なのに。」

㊽ 민우 : 오늘 한끼도 먹지 못했어.
단 한끼도 굶지 않는 게
거지의 철칙인데.
따끈따끈한 만두가 먹고 싶구나.
벙어라. 너도 배고프지?
이 벙어리 계집애가
만두로 보이는구나.
㊾ 병태 : 주책!
㊿ 민우 : 귀찮아.
귀찮은 일에 말려들었어.
아무짝에도 쓸모없는 벙어리년 땜에
내가 왜 이 고생이지?
거렁뱅이 신세.
느는이 식구뿐이구나.

㉛ [각설이타령]
얼씨구 씨구 들어간다.
절씨구 씨구 들어간다.
품바라 품바 들어간다.
작년에 왔던 각설이가
죽지도 않고 또 왔네.
이 몸이 이래 뵈도
정승판서 자제로서
팔도감사 마다하고
각설이로만 나섰네.
구지리구 자리 연다.
품바라 자리 연다.
일자한자 들고보니 일편단심 붉은 마음.

ミヌ：今日は、朝から何も食ってない。
３食欠かさないのが
乞食のモットーなのに。
アツアツの肉まんが食べたいな。
なあチュンジャ。腹減ったろ？
お前の丸い顔が、
肉まんに見えてきたぞ。
ビョンテ：ふざけないで！
ミヌ：ああ面倒だ。
面倒なことに巻き込まれた。
こんな娘のために苦労をして
何の得がある？
食わせにゃならない
口が増えただけだ。

[乞食節]
オルシグ、入るぞ。
チョルシグ、入るぞ。
プンバラプンバ 入るぞ。
去年 来た乞食が
死に損なってまた来たぞ。
こう見えても
この身は宰相大臣のご子息だ、
八道の監司を断わって、
乞食になったのさ。
プンバラブンバ よくぞ来た。
一という字を見ると、
一片丹心を思い出す。

따끈따끈하다(形 ほかほかしている)의ㅁ+ㄴ, 만두(名 肉まん)+가, 먹다의l+고 싶다의l+구나.
「ほかほかの肉まんが食べたいなあ。」

벙어리, 너+도, 배+고프다의l+지.
「聾唖。お前も腹減ったろ?」

이, 벙어리, 계집애+가, 만두+로, 보이다(自 見える)의l+는구나.
「この聾唖の女が肉まんに見えるなあ。」

㊾ 주책(名 軽はずみなさま)。
「ふざけないで」

㊾ 귀찮다(形 面倒だ)의Ⅲ, 귀찮다의Ⅱ+ㄴ, 일+에, 말리다((→말다 : 他 巻くの受身形) : 巻かれる)의Ⅲ+들다의Ⅲ+ㅆ의Ⅲ.
「面倒だ。面倒なことに巻き込まれた。」

아무+짝+에+도, 쓸모(名 使い道)+없다의l+는, 벙어리+년, 땜(→때문)+에, 내+가, 왜, 이, 고생(名 苦労)+이다의l+지.
「どこにも使い道がない聾唖の女のために俺がなぜこんな苦労をする?」

거렁뱅이(名 乞食), 신세(名 身の上)。
「乞食の身の上。」

늘다(自 増える)의l+는+이, 식구(名【食口】)+뿐(不完名 ~だけ)+이다의l+구나.
「増えるのは、食わせるべき口だけだな」

㊿ 얼씨구 씨구(囃し文句), 들어가다(自 入って行く)의Ⅱ+ㄴ다(用尾 …する)。
「オルシグシグ、入るぞ。」

절씨구 씨구(囃し文句), 들어가다의Ⅱ+ㄴ다.
「チョルシグシグ、入るぞ。」

품바라 품바(囃し文句), 들어가다의Ⅱ+ㄴ다.
「プンバラプンバ、入るぞ。」

작년(名 去年)+에, 오다(自 来る)의Ⅲ+ㅆ의l+던, 각설이+가, 죽다의l+지+도 않다의l+고, 또, 오다의Ⅲ+ㅆ의l+네(用尾 …だ).
「去年来ていた乞食が死にもしないでまた来たぞ。」

이+몸+이, 이렇다(形 このようだ)의Ⅲ+뵈다(=보이다)(自 見える)의Ⅲ+도, 정승판서(名 政丞判書), 자제(名 子息)+로서(尾 …として).
「この身はこう見えても政丞判書の子息として」

팔도, 감사(名 監司), 마다하다(他 嫌がる)의l+고, 각설이+로+만, 나서다의Ⅲ+ㅆ의l+네.
「八道の監司を断って乞食になったのさ」

구지리구(囃し文句), 자리(名 席・場所), 열다(他 開ける)의Ⅱ+ㄴ다(用尾 …する), 품바라(囃し文句) 자리, 열다의Ⅱ+ㄴ다.
「クジリグ、お立合い。プンバラお立合い。」

일자(名 一字)+한자(名 漢字), 들다(他 持つ)의l+고+보다의Ⅱ+니, 일편단심(名 一片丹心), 붉다(形 赤い)의Ⅱ+ㄴ, 마음(名 心).
「一の字の漢字を手に取ってみると一片丹心赤い心。」

小さな巨人　キム・スチョル

　ビョンテ役を演じているキム・スチョルは、本業はミュージシャンです。私が彼を評するなら、「韓国ロック史上最も過小評価されているギタリスト」、これに尽きます。中学2年の時にギターを手にしたキム・スチョルは、Jimi Hendrix や Deep Purple、Grand Funk などのコピーに勤しむようになり、1日10時間以上もギターを手にしていることもあったといいます。ところが、保守的な彼の両親は、息子が音楽にのめり込むことを快く思いませんでした。親にばれないよう、ギターの弦に紙を挟んでミュートした状態で練習したことで、音感が鍛えられた、というエピソードも残っています。

　大学生だった1979年にロックバンド「小さな巨人」でデビュー。バンド名はキム・スチョルが小柄だったことにちなんだもので、以後彼の代名詞となります。ロック色を強めた2集は、今なお韓国大衆音楽名盤百選の上位に入るアルバムですが、特筆すべきは彼のギターワーク。同時代を見回しても、韓国ロックの歴史を振り返っても、これだけ弾けるギタリストはいないと思わせるプレーの数々です。

　ところが、韓国におけるロック・ギタリスト、キム・スチョルに対する評価は、驚くほど低いというのが私の印象です。理由としては2つくらい思いつきます。ひとつは彼が歌手として成功してしまったことです。

　「小さな巨人」解散後、キム・スチョルは一度音楽の道を断念し、大学院に進学します。本人は親の反対のためと言いますが、当時の環境の劣悪さも遠因としてあったでしょう。ところがレコード会社がアルバム制作を懇願。キム・スチョルも惜別記念にこれに応じ、ソロ1集を発売すると、これが大ヒット。その結果、現在に至るまで音楽の道を進むことになります。彼はテレビの歌番組にも精力的に出演。84年から86年まで、各放送局の歌手賞などを席巻します。キム・スチョル＝歌手というイメージが強まったことで、コアなロックファンは徐々に離れていきました。

もうひとつが彼の伝統音楽志向です。実は彼は早くから伝統音楽に関心を持っていて、「小さな巨人」2集に収められた「別離」──　映画「鯨とり」の挿入歌でもあります──　ですでに伝統音楽の現代化を試みています。87年には伝統音楽のアルバムを発表。ところが、彼の深遠な音楽世界は容易には理解されず、ともすれば「キワモノ化」に映りました。ミュージシャンが精神性を追求するあまり、常人の理解を超えたところに行ってしまうことは、世の古今東西を問わずあることですが、90年以降のキム・スチョルも一種そうした目で見られていました。

このたび、「鯨とり」DVD発売に際し、キム・スチョル本人にインタビューする機会に恵まれ、こうした疑問をぶつけてきました。結論から言えば、彼はジャンルの枠に収まらない音楽世界を構築してきたと同時に、今なおギターを愛し、ロックを愛する、優れたミュージシャンだということです。その模様は特典映像としてDVDに収められていますので、ぜひご覧になってください。

Chapter 7

🎬 道路

1. **경찰**: 여기는 5호 순찰차.서울7과에 5022.
103번 도로에 버려져있어.

2. **포주3**: 그놈 아덜이 타고 온 차가 틀림 없습니다.

3. **포주1**: 한푼도 없는 빈 털털이야.
멀린 못갔을거야.
이 마을 근처를 찾아보자구.

警察: 巡回中に盗難車発見、
ソウル7、カの5022。
103番道路に乗り捨てられている。

ヤクザ3: やつらの仕業に違いねえっす。

ヤクザ1: ああ、どうせ3人とも一文なしだ。遠くには行けまい。このあたりを探すぞ。

🎬 納屋

4. **병태**: 예뻐요 춘자씨.

5. **민우**: 그림 좋다.
그앨 갖고 싶겠지?

6. **병태**: 갖고 싶은게 아니라 사랑하는거에요.

7. **민우**: 사랑?
내가 자리를 비켜줄 테니까 그동안 많이 사랑하라구.

8. **포주1**: 아주머니 여기 어떤 여자하구 안경쓴 남자 못봤습니까?

ビョンテ: きれいだよチュンジャさん。

ミヌ: いい絵だな。
ものにしたいだろ？

ビョンテ: そんなんじゃない、愛してるんだ。

ミヌ: 愛か？
それじゃ、しばらく外してやるから思う存分愛しあえ。

ヤクザ1: ばあさん、この辺で女と男2人の一行を見なかったか。

① 여기+는、5호(名数 号)+순찰차(【巡察車】パトカー)、서울+7가+에+5022。
「こちらは、5号パトカー。ソウル7、カの5022」

103번(名数 番)+도로(名 道路)+에、버리다+지다Ⅲ+있다Ⅲ。
「103番道路に乗り捨ててある。」

② 그+놈、아덜(→애들:名 連中)+이、타다(他 乗る)의I+고、오다의Ⅱ+ㄴ、차(名 車)+가、틀림(名 間違い)+없다의I+습니다。
「そいつらが乗ってきた車に間違いありません。」

③ 한+푼(名数 ～文)+도、없다의I+는、비다(自 空く)의Ⅱ+ㄴ、털털이+야、멀리(副 遠くに)+ㄴ、못+가다Ⅲ+ㅆ의Ⅱ+ㄹ+거야。
「一文もないすっからかんだ。遠くには行けないだろう。」

이、마을(名 村)、근처(名 近所)+를、찾다Ⅲ+보다의I+자+구。
「この村の近くを探してみるぞ。」

④ 예쁘다(形 きれいだ)의Ⅲ+요、춘자+씨。
「きれいです、チュンジャさん。」

⑤ 그림(名 絵)、좋다。
「いい絵だ。」

그+애+ㄹ、갖다의I+고 싶다의I+겠+지。
「その子を持ちたいだろう?」

⑥ 갖다의I+고 싶다의Ⅱ+ㄴ+게、아니다+라(用尾 …で)、사랑하다(他 愛する)의I+는+거+이다의Ⅲ+요。
「持ちたいんじゃない、愛してるんです。」

⑦ 사랑
「愛?」

내+가、자리+를、비키다(他 どける)의Ⅲ+주다의Ⅱ+ㄹ、테(터+이)니까。
「俺が席を外してやるから」

그+동안(名 間)、많이(副 たくさん)、사랑하다의Ⅱ+라+구。
「その間たくさん愛せって」

⑧ 아주머니(名 おばさん)、여기、어떤、여자+하구(→하고)、안경+쓰다의Ⅱ+ㄴ、남자、못+보다Ⅲ+ㅆ의I+습니까。
「おばさん、ここ、ある女と眼鏡かけた男見ませんでしたか?」

⑨ **아줌마**: 저쪽 헛간으로 들어가는것 같던데요.
⑩ **포주1**: 예 고맙습니다.
⑪ **민우**: 숨어.
포주들이 쫓아왔어.
병태야. 빨리와 빨리.
이 벙어라 뭐하니.
빨리와 빨리빨리 도망가야돼.
⑫ **포주1**: 이쪽이야.
⑬ **민우**: 병태야 병태야.

⑭ **민우**: 으히구 앞으로 즐거운 여행이 되겠어.
동반자가 생겨서 말야.
이 벙어리가 그집 보물이었단 말이지?

⑮ **포주1**: 빨리타.
이것들이 정말.
이거 어떻게 된거야?
그쪽 어떻게 됐어?
⑯ **포주2**: 안됩니다.
⑰ **포주1**: 짜식들이.
나 이런 이...

女性: 向こうの納屋に入ったみたいだけど。
ヤクザ1: おう、ありがとよ。
ミヌ: おい、隠れろ。
追手が来たぞ。
おいビョンテ、早く早く。
チュンジャも何してるんだ、
走れって、早く。
ヤクザ1: あれ？ おい、こっちだ。
ミヌ: おいビョンテ、ビョンテ。

ミヌ: にぎやかな旅になりそうだ、

道連れまでいるとはな。
この女があの店の宝だったのか？

ヤクザ1: おい、早く乗れ
悪あがきしやがって。
どうなってるんだ？
おい、そっちはどうだ？
ヤクザ3: こっちもです。
ヤクザ1: あいつらチクショウ。
何てこった。

⑨ 저쪽(代 あっち)、헛간(名 納屋)+으로、들어가다의 I+는+것、같다의 I+던데(用 尾 …していたが)+요。
「あっちの納屋へ入ったようだけど。」

⑩ 고맙다(形 ありがたい)의 I+습니다。
「ありがとうございます。」

⑪ 숨다(自 隠れる)의 Ⅲ。
「隠れろ。」

포주(名 女衒)+들+이、쫓다(他 追う)의 Ⅲ+오다의 Ⅲ+ㅆ의 Ⅲ。
「女衒たちが追ってきた。」

병태+야。빨리+오다의 Ⅲ。빨리。
「おいビョンテ。早く来い。早く。」

이、벙어라(→벙어리)、뭐+하다의 I+니。빨리、오다의 Ⅲ、빨리+빨리、도망+가다의 Ⅲ+야+되다의 Ⅲ。
「この聾唖、何してるんだ。早く来い、早く早く、逃げなくちゃ。」

⑫ 이쪽(代 こっち)+이다의 Ⅲ。
「こっちだ。」

⑬ 병태+야。병태+야。
「ビョンテ。ビョンテ。」

⑭ 앞+으로、즐겁다(形 楽しい)의 Ⅱ+ㄴ、여행(名 旅行)+이、되다(自 なる)의 I+겠의 Ⅲ、동반자(名【同伴者】)+가、생기다의 Ⅲ+서、말+야。
「この先楽しい旅行になりそうだ。同伴者ができてな」

이、벙어리+가、그+집、보물(名【宝物】)+이다의 Ⅲ+ㅆ다+ㄴ、말+이다의 I+지。
「この聾唖がその家の宝だったんだな?」

⑮ 빨리+타다(他 乗る)의 Ⅲ。
「早く乗れ。」

이것+들+이、정말。
「こいつら、本当に。」

이거、어떻게、되다의 Ⅱ+ㄴ+거+야。
「これどうなったんだ?」

그쪽(代 そっち)、어떻게、되다의 Ⅲ+ㅆ의 Ⅲ。
「そっち、どうなった?」

⑯ 안+되다의 Ⅱ+ㅂ니다。
「だめです。」

⑰ 자식+들+이。
「こいつら。」

🎞 バスの中

⑱ **차장**: 차비 주세요.
⑲ **민우**: 지금은 없는데
내릴때까지 마련해줄게요.
⑳ **차장**: 장난 치지말고 빨리 주세요. 아
이 참. 빨리 달라니까요.
㉑ **차장**: 돈을 발바닥에
갖고 다니는 사람이 어디 있어요?

㉒ **병태**: 왕초 팬티 속엔
만원짜리 하나가 있음직한데.

㉓ **민우**: 1년동안 모은돈이야 임마.
㉔ **헌병**: 잠시 검문이 있겠습니다.
신분증 좀 보여주세요.

㉕ **순경**: 아 신분증 좀 보자니까요.
㉖ **민우**: 이 사람은 벙어리 올습니다요.
㉗ **순경**: 당신도 일행이요?
㉘ **순경**: 벙어리라도 신분증은
가지고 있을것 아니요.
일단 들 내리시오.

車掌：料金ください。
ミヌ：今はないけど、
降りるまでに工面するよ。
車掌：ふざけてないで払ってくださ
い。こっちも忙しいのよ。
車掌：そんなとこに隠すなんて汚い
じゃない。

ビョンテ：親分のパンツには、
万札あたり入ってそうだね。

ミヌ：1年かけて貯めた金だ。
憲兵：検問にご協力を。
身分証のご提示を。

警官：身分証のご提示を。
ミヌ：こ、こいつは、く、口がきけ
ません、
警官：あなたも、連れですか？
警官：口がきけなくても身分証は
あるでしょう。
全員降りなさい。

🎞 交番

㉙ **순경**: 수상하잖아. 왜 이런 물건들을
갖고 다니는 거요?

警官：怪しいな。なぜこんな物を
持ち歩くんだ。

⑱ 차비(名 運賃)、주다의Ⅱ+시+Ⅲ+요。
「運賃ください。」

⑲ 지금(名 今)+은、없다의Ⅰ+는데、내리다(自 降りる)의Ⅱ+ㄹ때+까지(尾 …まで)、마련하다(他 準備する)의Ⅲ+주다의Ⅱ+ㄹ게+요。
「今はないけど降りる時までに準備してあげますから。」

⑳ 장난(名 冗談)、치다(他 言う)의Ⅰ+지 말다의Ⅰ+고、빨리、주다의Ⅱ+시+Ⅲ+요。
「まあ、冗談言わないで早くください。」

빨리、달라다의Ⅱ+니까+요。
「早くくださいってば。」

㉑ 돈+을、발바닥(名 足の裏)+에、갖다의Ⅰ+고、다니다의Ⅰ+는、사람+이、어디、있다의Ⅲ+요。
「金を足の裏に持ち歩く人がどこにいますか」

㉒ 왕초、팬티、속+에+ㄴ。
「親分のパンツの中には」

만+원+짜리(接尾 札)、하나+가、있다의Ⅱ+ㅁ 직하다의Ⅱ+ㄴ데。
「一万ウォン札が一枚ありそうだね」

㉓ 1+년+동안、모으다(他 集める)의Ⅱ+ㄴ、돈+이야。
「一年間集めた金だ。」

㉔ 잠시(名 少しの間)、검문(名【検問】)+이、있다의Ⅰ+겠의Ⅰ+습니다。
「少しの間検問があります。」

신분증(名【身分証】)、좀、보이다의Ⅲ+주다의Ⅱ+시+Ⅲ+요。
「身分証を少し見せてください。」

㉕ 신분증、좀、보다의Ⅰ+자+니까+요。
「身分証を少し見ようと言っていますから。」

㉖ 이、사람+은、벙어리、올시다(用尾 …でござる)의Ⅰ+ㅂ니다+요。
「この人は聾唖でございます。」

㉗ 당신+도、일행(名【一行】)+이다+요。
「あなたも同行者ですか?」

㉘ 벙어리+라도、신분증+은、가지다의Ⅰ+고、있다의Ⅱ+ㄹ것、아니다+요。
「聾唖でも身分証は持っているのではないですか。」

일단(副 いったん)、들(尾 たち)、내리다의Ⅱ+시+오。
「いったん降りてください。」

㉙ 수상하다(形 怪しい)의Ⅰ+잖다(→지 않다)의Ⅲ、왜、이렇다의Ⅱ+ㄴ、물건(名【物件】もの)+들+을、갖다의Ⅰ+고、다니다의Ⅰ+는、거+요。
「怪しいじゃないか。なぜこんなものを持って歩くのですか?」

㉚ **민우**: 앞 못보는 놈이
   누가 돌봐주는 사람도 없는데
   혼자서 살아갈려니까
   다 필요한 것이죠.

㉛ **순경**: 근데 당신들 지금 어디로 가는
   길이요?

㉜ **민우**: 우도로 가는 길이올습니다요.

㉝ **순경**: 우도?
   우도는 왜? 벙어리와 장님께서
   소풍이라도 가시는 길인가?

㉞ **민우**: 우도는 이 벙어리 부부의
   고향이 올습니다요.
   앞 못보는 처지에 몹쓸 병까지 얻은
   내 신세를 딱하게 여기신
   이 마음씩 착한 벙어리 부부께서
   자기네 고향에서 겨울을
   따뜻하게 보내자고 해서
   동행하는 길이올시다요.

㉟ **순경**: 이제 가셔도 좋습니다.

㊱ **순경**: 잠깐.
   누가 속을줄 알았어?
   말을 알아듣는 벙어리가 어딨나?

㊲ **민우**: 보셨죠.
   진짜 벙어리가 아니라면
   "아야" 소리를 질렀을거 아닙니까.

㊳ **순경**: 이 친구 왜이래.

ミヌ：目も見えず、身寄りもない人間が１人で生きていくために、必要なものでござんす。

警官：それでは、３人してどこに行くんだ？

ミヌ：ウドに向かう道中でござんす。

警官：ウド？
なぜウドに？　口のきけない、娘夫婦と、海でも見に行くのか？

ミヌ：ウドは、この者たちのふるさとでござんす。
目が見えないうえに、病魔にまで侵された哀れな私に免じて
心優しいこの聾唖の夫婦が、
ふるさとに戻って
暖かく冬を越せるよう
何卒、ご善処いただきたく…

警官：さあ、帰って結構です。

警官：待て。
だまされると思うか？
なぜこちらの話が分かるんだ。

ミヌ：見たでしょ。
もし口がきけるなら、
「痛い」と叫ぶはずでしょ。

警官：何をするやめないか。

㉚앞+못+보다の Ⅰ+는、놈+이、누(→누구)+가、돌보다(他 助ける)のⅢ+주다の Ⅰ+는、사람+도、없다の Ⅰ+는데。
「前を見られないやつが誰か助けてくれる人もいないのに」

혼자+서、살다のⅢ+가다のⅡ+ㄹ려+니까、다、필요하다(形 必要だ)のⅡ+ㄴ、것+이다の Ⅰ+죠。
「一人で生きていこうとするのとすべて必要なものです。」

㉛근데、당신+들、지금、어디+로、가다の Ⅰ+는、길+이다+요?
「ところであなたたち今どこへ行く道ですか?」

㉜우도+로、가다の Ⅰ+는、길+이다の Ⅰ+올시다の Ⅰ+ㅂ니다+요。
「牛島へ行く道でございます。」

㉝우도?
「牛島?」

우도+는、왜、벙어리+와、장님(名 盲人の尊称)+께서(尾 …が)、소풍(名【逍風】遠足)+이라도、가다のⅡ+시の Ⅰ+는、길+이다のⅡ+ㄴ가(用尾 …か)。
「牛島はなぜ?聾唖と盲人が遠足にでもお行きになる道か?」

㉞우도+는、이、벙어리、부부(名 夫婦)+의、고향+이다の Ⅰ+올습니다+요。
「牛島はこの聾唖夫婦の故郷でございます。」

앞、못+보다の Ⅰ+는、처지(名【処地】状況)+에、몹쓸(冠 悪い)+병(名 病)+까지、얻다(他 もらう)のⅡ+ㄴ、내、신세+를、딱하다(形 気の毒だ)の Ⅰ+게(用尾 …に)、여기다(他 思う)のⅡ+시+ㄴ。
「目の見えない身でひどい病気にまでかかった私の身の上を気の毒に思われた」

이、마음씨(名 気立て)、착하다(形 善良だ)のⅡ+ㄴ、벙어리、부부+께서、자기+네、고향+에서、겨울(名 冬)+을、따뜻하다の Ⅰ+게、보내다の Ⅰ+자+고、하다のⅢ+서。
「この気立てが善良な聾唖の夫婦が自分たちの故郷で冬を温かく送ろうと言って」

동행(名【同行】)하다の Ⅰ+는、길+이다の Ⅰ+올시다+요。
「同行する道でございます。」

㉟이제、가다のⅡ+시のⅢ+도、좋다の Ⅰ+습니다。
「もう行ってもいいです。」

㊱잠깐(副 ちょっと)。
누가、속다(自 だまされる)のⅡ+ㄹ+줄 알다のⅢ+ㅆのⅢ+말+을、알아듣다の Ⅰ+는、벙어리+가、어디、있다の Ⅰ+냐(用尾 …するか)。
「ちょっと、誰がだまされると思ったか?言葉を聞いて分かる聾唖がどこにいる?」

㊲보다のⅡ+시のⅢ+ㅆの Ⅰ+죠。
「ご覧になったでしょう。」

진짜、벙어리+가、아니라면(→아니라고 하면) "아야"(感 痛い)、소리+를、지르다(他 叫ぶ)のⅢ+ㅆのⅡ+ㄹ+거、아니다のⅡ+ㅂ니까。
「本当に聾唖でなかったら"痛い"と叫んだはずではないですか。」

㊳이、친구(名 君)、왜+이래(このような)。
「おい、この君、どうしてこんな。」

㊴ **순경** : 내가 실례를 했소.
다음 버스를 타고 가도록 하쇼.
한시간 후에 도착할겁니다.
㊵ **민우** : 됐습니다요.
저흰 이 근처에서
요기나 하고 떠나겠습니다요.
㊶ **순경** : 보아하니 빈 털털이들 같은데
다음 버스를 타요.
㊷ **민우** : 호의는 감사합니다만
그만 가보겠습니다요.

警官：失礼しました。
次のバスに乗れるようにします。
あー、1時間後に到着します。
ミヌ：けっこうです。
この近くで何か
食べて行くことにしますから。
警官：食事する金もないでしょうに、
言うとおりになさい。
ミヌ：お気持ちだけいただき、
ここらで、失礼いたしやす。

㊴ 내+가、실례(名 失礼)+를、하다의Ⅲ+ㅆ의Ⅰ+소(用尾 …します)。
「私が失礼をしました。」

다음、버스(名 バス)+를、타다의Ⅰ+고、가다의Ⅰ+도록(用尾 …するように)、하다의Ⅱ+소(→시오)。
「次のバスに乗っていくようにしてください。」

한+시간、후(名 ～後)+에 도착(名 到着)+하다의Ⅱ+ㄹ+거+ㅂ니다。
「一時間後に到着します。」

㊵ 되다의Ⅲ+ㅆ의Ⅰ+습니다+요。
「結構です」

저희(代 わたくしたち)+ㄴ、이、근처+에서、요기(名 腹の足し)+나、하다의Ⅰ+고、떠나다의Ⅰ+겠+습니다+요。
「私たちはこの近所で腹の足しでもして発ちます。」

㊶ 보아하니(副 見たところ)、비다의Ⅱ+털털이+들、같다의Ⅱ+ㄴ데、다음、버스+를、타다의Ⅲ+요。
「見たところ一文無したちのようだが、次のバスに乗りなさい。」

㊷ 호의(名 好意)+는、감사하다(形 ありがたい)의Ⅰ+ㅂ니다+만(用尾 …するが)
그만(副 それぐらいに)、가다의Ⅲ+보다의Ⅰ+겠의Ⅰ+습니다+요。
「好意はありがたいですが、そろそろ失礼します。」

「鯨とり」に鯨は出てきません

　「鯨とり」にはクジラ目はもちろん、牛から犬に至るまで、生物の捕獲もしくは食肉利用を行うシーンは一切含みません。シーシェパードに目をつけられたら、えらいことになりますので、そこのところ誤解のなきよう。

　では、なにゆえ「鯨とり」か、という流れで、「『鯨をとる』とは、韓国語のスラングで、大きな夢を持つという意味だ」という説明がなされているのを目にします。しかし、私に言わせれば、これはこの映画の原作となる小説を書いた崔仁浩の個人的なワーディングあるいはレトリックが、映画の成功によって、比較的多くの人に通じるようになったものだと思います。

　もちろん、韓国でもクジラは雄大で、ロマンを感じさせる動物です。崔仁浩のワーディングもそれを踏まえてのことですが、それ以上のつながりはありません。

　むしろ、「鯨をとる（**고래를 잡다**）」と聞いて韓国人一般が連想するのは、「包茎手術をする」という意味でしょう。理由は簡単。「捕鯨」と「包茎」が韓国語では同じく**포경**になるからです。「純粋の時代」というドラマでも、主人公の友人が主人公を紹介する際、「こいつとは一緒にクジラをとった仲だ」と言って、笑いをとっていました。

　映画「鯨とり」でも、開始から20分くらいで、自暴自棄になり、「僕はクジラをとる」とくだをまくビョンテを、ミヌは「本当にクジラを一匹、捕まえてやろうか」と言って、売春宿に連れていきます。日本人は「なんで売春宿なの？」と思うかもしれませんが、韓国人なら、「筆おろしさせてやる」という流れで、違和感なく見られるはずです。

　また、「鯨とり」はロードムービーゆえに、地方に行くにつれ、言葉がなまってきます。売春宿でチュンジャに手を噛まれるパク社長には全羅道の訛り、峠の食堂の主人の言葉は江原道の訛り、チュンジャの老母には慶尚道の訛りが見て取れます。

　いみじくも韓国語を学ぶ者であれば、映画やドラマに出てくる程度の俗語や方言は、明瞭に理解できるレベルを目指してほしい。そしてその理解を、「全羅道のなまりってこうなんだ〜」的な豆知識で終わらせるのはなく、より広範な知識の体系と接続させてほしいと思います。方言に見られる音の変化を考察すると、韓国語の音韻体系の理解につながります。また、標準語では消滅した古い韓国語の痕跡が、方言に残っていることもあります。慶尚道の方言では、下称疑問文の助動詞（標準語で言えば**냐**や**니**）を、動詞・形容詞と指定詞／疑問詞の有り無しの組み合わせで**나／노／가／고**の4通りに使い分けますが、同様の区別が中期朝鮮語には存在したと言います。どうせ始めた韓国語、ここまでやらなきゃ、もったいない。

Chapter 8

雪道

1. **병태**: 그렇게 아프게 때리면 어떡해요. 다리가 부러질 줄 알았어요.
2. **민우**: 그안에 조금만 더 있다간
   다 들통날 뻔 했어.
   저 벙어리 계집애 때문에 풀려난거야.
   고맙다 벙어라.
3. **민우**: 우도까진 아직 반도 못왔어.
   포주놈들이 계속 쫓아올텐데.
   이런 한품없는 빈 털털이 신세로
   걸어서 우도까지 가다가는
   얼어죽기 딱 알맞겠다.
   난 지쳤어.
   모르겠다.
   우리 계집애하고
   여기서 헤어지고 돌아가자
4. **병태**: 그건 무책임한 짓이에요.
   우리 스스로의 약속을
   저버리는 일이에요.
5. **민우**: 난 어떤 약속이나 결심따위에
   얽매이고 싶지 않아.
6. **병태**: 그런 편리한 이기주의가 어딨어.
   자기혼자 맘 편할라고 하는 짓이에요.
7. **민우**: 좌우지간 우도건 소대가리건
   난 한발짝도 못가겠다.
   갈려면 니가 데리고 가.

ビョンテ：あんなに叩かなくてもいいでしょ。脚が折れると思った。
ミヌ：もうちょっとあそこにいたら、ばれて捕まってたな。
チュンジャが機転を利かせたおかげだ。ありがとな。
ミヌ：ウドまで、まだ半分も来てない。
追っ手もせまってるってのに。
金もなけりゃ、宿もない身で、
ウドまで歩こうものなら、
野垂れ死に間違いなしだ。
俺はもう疲れた。
もう嫌だ。
女とは、
ここでお別れして、引き返そうぜ？
ビョンテ：約束が違うぞ。
そんなの無責任だと思わないの？

ミヌ：俺は約束とか、決心ごときに縛られたくない。
ビョンテ：そんな、自分だけ楽をしようなんて、利己主義にも都合がいいにも程があるぞ。
ミヌ：とにかくウドだのウシだの、いっさい俺の知ったことじゃない。
お前１人で連れてけ。

① 그렇게, 아프다ㅣ+게, 때리다ㅣ+면, 어떡하다(他 どのようにする)Ⅲ+요. 다리+가, 부러지다(自 折れる)ㄹ 줄 알다Ⅲ+ㅆⅢ+요.
「あんなに痛く叩いたらどうするんですか。」

② 그+안(名 中)+에, 조금+만, 더, 있다ㅣ+다가+는, 다, 들통나다(自 ばれる)ㄹ 뻔하다(形 …しかかった)Ⅲ.
「あの中にもう少しだけいたらみんなばれるところだった。」

저, 벙어리, 계집애, 때문+에, 풀리다(自 解ける)Ⅲ+나다(自 出る)ㄴ+거+야. 고맙다(形 ありがたい), 벙어리+야.
「あの聾唖女のおかげで解放されたんだ。ありがとうな、聾唖.」

③ 우도+까지+ㄴ, 아직, 반(名 半分)+도, 못+오다Ⅲ+ㅆⅢ.
「おい、牛島まではまだ半分も来てない。」

포주+놈+들+이, 계속(副 引き続き), 쫓다Ⅲ+오다ㄹ+텐데.
「女衒のやつらがずっと追いかけてくるだろうに。」

이런, 한+품+없다ㅣ+는, 비다ㄹ+ㄴ, 털털이, 신세+로+걷다(自 歩く)Ⅲ+서, 우도+까지, 가다ㅣ+다가+는.
「こんな一文もないすっからかんの身の上で歩いて牛島まで行っては」

얼다(自 凍る)Ⅲ+죽다ㅣ+기, 딱, 알맞다(副 ぴったり), 알맞다(自 適当だ)ㅣ+겠+다.
「凍え死にするのがオチだ。」

난, 지치다Ⅲ+ㅆⅢ.「俺は疲れた。」

모르다ㅣ+겠+다.「もう知らん。」

우리, 계집애+하고, 여기+서, 헤어지다ㅣ+고, 돌아가다ㅣ+자.
「なあ、女とここで別れて帰ろう。」

④ 그거+ㄴ, 무책임하다(形 無責任だ)ㄹ+ㄴ, 짓(名 行動)+이다Ⅲ+요. 우리, 스스로(名 自ら)+의, 약속(名 約束)+을, 저버리다(他 破る)ㅣ+는, 일+이다Ⅲ+요.
「それは無責任な行動です。僕ら自らの約束を破ることです」

⑤ 난, 어떤, 약속+이나(尾 …や), 결심+따위+에.
얽매이다(自 縛り付けられる)ㅣ+고 싶다ㅣ+지 않다Ⅲ.
「俺はどんな約束や決心の類にも縛り付けられたくない。」

⑥ 그런, 편리하다(形 都合がいい)ㄹ+ㄴ, 이기주의(名 利己主義)+가, 어디, 있다Ⅲ. 자기, 혼자, 맘(→ 마음), 편하다(形 楽だ)ㄹ+라고(用尾 …しようと), 하다ㅣ+는, 짓+이다Ⅲ+요.
「そんな便利な利己主義がどこにある。自分一人心安らかでいようとする行動です。」

⑦ 좌우지간(副 いずれにせよ), 우도+건(用尾 …でも), 소(名 牛)+대가리(名 頭)+건.
「いずれにせよ牛島だろうが牛の頭だろうが」

난, 한+발짝(名 数 …歩)+도, 못+가다ㅣ+겠+다.
「俺は一歩も行けない。」

가다ㄹ+려면(→ㄹ려고 하면), 니+가, 데리다(他 連れる)ㅣ+고, 가다Ⅲ.
「行くならお前が連れて行け。」

🎬 ヒッチハイク

⑧ **병태**：스톱! 스톱!

⑨ **운전수**：이 사람이 죽을려고 환장을 했나?

⑩ **민우**：살려주쇼.
　지금 우리 마누라가 쌍둥이를 뱄는지
　아이가 거꾸로 처박혀 있는지
　지금 하혈이 심하당께로.
　좀 부탁하더라구.
　여보 저 타랑께로.

⑪ **삽입곡 : [별리]**
　정주고 떠나시는 님
　나를 두고 어딜가나
　노을빛 그 세월도
　님신고 흐르는 물이로다
　마지못해 가라시면
　아니가지는 못하여도
　말없이 바라보다
　님울리고 나도 운다
　둘곳없는 마음에
　가눌수 없는 눈물이여
　가시려는 내 님이야
　짝잃은 외기러기로세
　님을 향해 피던꽃도
　못내 서러워 떨어지면
　지는 서산해 바라보며
　님부르다 내가 운다

ビョンテ：ストップ！ストップ！ストップ！

運転手：この野郎、死にてえのか？

ミヌ：お助けくだせえ。
女房のやつ、腹ん中にガキがいて、
そいつが暴れてやがるのか、
下血がひでえんです、
何とか病院まで…
おい、いいってよ

挿入歌 [別離]
愛したあなたは
私を置いてどこに行くのだろう
あの夕焼けも あの歳月も
あなたを載せて流れる水なのね
どうしても行けとおっしゃるなら
泣く泣く行くけれど
あなたの背中を言葉もなく眺め
互いに涙に暮れるでしょう
心はここにあらず
涙ばかりが流れ落ちる
去って行こうとするあなたは
つがいを失くした雁のよう
あなたに向かい咲いていた花も
悲しみに耐えきれず 落ち
西の山に沈む日を眺めながら
あなたの名を呼ぶと涙が浮かぶでしょう

⑧스톱！(Stop!)。
「ストップ！ストップ！」

⑨이, 사람＋이, 죽다의Ⅱ＋ㄹ려고, 환장(名【換腸】気がおかしくなる)하다의Ⅲ＋ㅆ의Ⅰ＋나？
「こいつ、死のうと気がおかしくなったのか？」

⑩살리다(他 生かす)의Ⅲ＋주다의Ⅱ＋쇼。
「助けてください。」

지금, 우리, 마누라(名 女房)＋가, 쌍둥이(名 双子)＋를, 배다(他 みごもる)의Ⅲ＋ㅆ의Ⅰ＋는지(用尾 …するのか), 아이(名 子供)＋가, 거꾸로(副 逆さに), 처박히다(押し込められる)의Ⅲ, 있다의Ⅰ＋는지。
「今うちの女房が双子をみごもったのか子供が逆さに押し込められているのか」

하혈(名 下血)＋이, 심하다(形 ひどい)＋ㅇ께로(→니까の方言). 좀, 부탁하다(他 頼む)의Ⅰ＋더라구(→더라고：用尾 …していたよ)。
「下血がひどいもんで、ちょいとお願いしますよ」

여보(間 おい), 타다의Ⅱ＋라＋ㅇ께로。
「おい、乗れって」

⑪歌詞の説明は省略（コラム参照）

하늘이시여 하늘이시여
구구만리 떨어진 곳
내 못가도 내 못가도
님을 살펴주소서
하늘이시여 하늘이시여
구구만리 떨어진 곳
내 못가도 내 못가도
님을 살펴주소서

天よ、聞きたまえ
遠く離れ離れになって
そばにいられない私に代わって
あの方をお守りください
天よ　聞きたまえ
遠く離れ離れになって
そばにいられない私に代わって
あの方をお守りください

峠の食堂

⑫ **운전수**: 아줌마 빨리 썰어줘요.
⑬ **주모**: 곧 가져가요.
⑭ **운전수**: 고기가 왜 이렇게 질겨.
   오늘이 올 들어서 제일 추운 날인가 봐.
⑮ **민우**: 안녕하쇼.
   장사 잘 됩니까?
⑯ **주모**: 이 산중에 버스가 끊긴지가
   벌써 오래될텐데
   어떻게 여기까지들 오셨어?
⑰ **민우**: 걸어서 왔지요.
⑱ **주모**: 걸어서?
   대단한 양반들이네.
⑲ **민우**: 아줌마.
   혹시 여기 재를 넘는 차가 있습니까?
⑳ **주모**: 여기는 화물차가
   쉬어가는 곳 인데
   최씨 차가 재를 넘죠?

運転手：おばさん、まだかい？
食堂の女：今行きますよ。
運転手：今日の肉は随分硬いな。
今夜は今年一番の冷え込みだ。

ミヌ：どうもこんばんは。
景気はどうですか？
食堂の女：まあ、こんな山ん中に
最後のバスが出てから随分経つけど、
一体どうやって来たんだい？
ミヌ：歩いてです。
食堂の女：歩いて？
大したお人たちだね。
ミヌ：おばさん、
今から、峠を越える車はない？
食堂の女：あるとしたら貨物車だね、
ああそうだ、チェさんのトラックはどう？

⑫ 아줌마、빨리+썰다의Ⅲ+주다의Ⅲ+요。
「おばさん、早く」

⑬ 곧+가지다의Ⅲ+가다의Ⅱ+요。
「すぐに持って行きます。」

⑭ 고기+가、왜、이렇게、질기다(形 固い)의Ⅲ。
「肉がどうしてこんなに固いんだ。」

오늘+이、올(=올해)、들다의Ⅲ+서+제일(副 一番)+춥다의Ⅱ+ㄴ+날+이다의Ⅱ+ㄴ가 보다(…のようだ)。
「今日は今年に入って、一番寒い日のようだ。」

⑮ 안녕하다(形【安寧】お元気だ)의Ⅱ+죠。
「こんにちは」

장사(名 商売)、잘、되다의Ⅱ+ㅂ니까。
「商売うまくいってますか?」

⑯ 이、산중(名 山中)+에、버스+가、끊기다(受 絶たれる)의Ⅱ+ㄴ+지(不完名 〜してから)+가、벌써、오래(副 長い間)+되다의Ⅱ+ㄹ+텐데。
「この山中にバスが終わってからすでに随分経つだろうに。」

어떻게、여기+까지、들、오다의Ⅲ+시의Ⅲ+ㅆ의Ⅲ。
「どうやってここまでおいでになったの?」

⑰ 걷다의Ⅲ+서、오다의Ⅲ+ㅆ의Ⅰ+지+요。
「歩いてきましたよ。」

⑱ 걷다의Ⅲ+서、대단하다(形 大変なものだ)의Ⅱ+ㄴ、양반(名【両班】人)+들+이다의Ⅰ+네。
「歩いて?大した人たちだね。」

⑲ 아줌마(名 おばさん)。
「おばさん。」

혹시、여기、재(名 峠)+를、넘다(他 越える)의Ⅰ+는、차+가、있다의Ⅰ+습니까?
「ひょっとしてここ峠を越える車がありますか?」

⑳ 여기+는、화물차(名 貨物車)+가、쉬다(他 休む)의Ⅲ+가다의Ⅰ+는、곳+이다의Ⅱ+ㄴ데。
「ここは貨物車が休んでいくところだけど」

최(名 崔)+씨、차+가、재+를、넘다의Ⅰ+죠?
「チェさんの車が峠を越えますね?」

㉑ 떠나다의Ⅱ+시의Ⅱ+ㄹ+때、저희+를、좀、태우다(使 乗せる)의Ⅲ+주다의Ⅱ+ㄹ 수 있다의Ⅰ+습니까?
「お行きになる時、私たちを少し乗せてくれることができますか?」

아프다의Ⅱ+ㄴ、사람+이、있다의Ⅲ+서+요。
「具合の悪い人がいてです。」

㉒ 얼다의Ⅲ+죽다의Ⅰ+고 싶다의Ⅱ+면、태우다의Ⅲ+주다의Ⅰ+지。
내、차+는、냉동차(名 冷凍車)+요。
「凍え死にしたいなら乗せてやるぞ。俺の車は冷凍車だ。」

103

㉑ **민우**: 떠나실 때 저희를 좀
태워줄수 있습니까?
아픈 사람이 있어서요.

㉒ **운전수**: 얼어죽고 싶으면 태워주지.
내 차는 냉동차요.
저 색시 혼자라면
내곁에 태워줄수도 있지
재 넘어 뿐아니라
울릉도 까지라도 태워주지.
하나 먹어볼라우?

㉓ **민우**: 내가 거진줄 아쇼?

㉔ **운전수**: 싫으면 관두쇼.

㉕ **주모**: 그래 뭘 드실려우?

㉖ **민우**: 저 따끈따끈한 국밥
세 그릇만 말아주쇼.
그리고 돈은 말이에요.
재를 넘어갔다 오는길에 드릴게.

㉗ **주모**: 이 양반 말한번 잘하네.
내가 당신을 언제 봤다고 외상이야?

㉘ **운전수**: 그 색시 내 차에 태워주면
내 국밥 열그릇은 사리다.
열그릇 아니라 백그릇이라도 사지.

㉙ **민우**: 나그네를 잘 대접하라는 것은
성경말씀에도 있습니다.

㉚ **주모**: 시끄러워요. 빨리 와.

㉛ **운전수**: 생각나면 오라고.진흙속의 진
주야.

㉜ **운전수**: 감칠맛이 있겠는데.

ミヌ：あの、よかったら
我々を乗せてもらえませんか？
病人がいるもので。

運転手：俺の車は保冷車だ、凍え死
にするぞ。
あの女１人なら俺のひざに乗せてや
る。
峠どころか、遠くの島にだって、乗
せてくぞ。
一切れ食うか？

ミヌ：乞食じゃあるまいし。

運転手：嫌なら結構。

食堂の女：それで、何を召し上がる？

ミヌ：あったかーいクッパを、３杯
頼むよ。
それからお代は、峠を越して、
戻ってくる時に払います…

食堂女：あんたずうずうしい人だね。
あんたの何を信じてツケろって？

運転手：お嬢さんが酌でもしてくれ
りゃ、クッパくらい、ごちそうして
やるぜ。十杯どころか、百杯でもご
ちそうする。

ミヌ：努めて旅人をもてなせとは、
聖書にも書かれていて…

食堂女：うるさいよ、さっさと出てっ
とくれ。

運転手：いつでも戻ってこい、悪く
ない話だぞ。

運転手：なあ、うまそうな女だ。

저、색시(名 娘)、혼자+라면、내+곁(名 横)+에、태우다+Ⅲ+주다+Ⅱ+ㄹ 수+도+있다+ㅣ+지。
「あの娘一人なら俺の横に乗せてやることもできるぞ」

재、넘다+Ⅲ+뿐+아니다+라、울릉도(地名 鬱陵島)+까지+라도、태우다+Ⅲ+주다+ㅣ+지。
「峠を越えるだけでなく鬱陵島までも乗せてやるぞ。」

하나、먹다+Ⅲ+보다+Ⅱ、ㄹ라우(→ㄹ라오の方言)
「一つ食べてみるか?」

㉓ 내+가、거지+ㄴ 줄 알다+Ⅱ+쇼。
「私が乞食だと思いますか?」

㉔ 싫다+Ⅱ+면、관두쇼(→그만 두시오)。
「嫌なら結構。」

㉕ 그래、뭐+를、드시다(他 召し上がる)의+Ⅱ+ㄹ려우。(ㄹ려오の方言)
「それで何を召し上がる?」

㉖ 따끈따끈하다+Ⅱ+ㄴ、국밥(名 汁飯)+ 세+그릇(名数 …杯)+만、말다(他 ご飯を入れる)의+Ⅲ+주다+Ⅱ+쇼。
「ほかほかの汁飯3杯だけ作ってください。」

그리고、돈+은、말+이다+Ⅲ+요。 재+를、넘다+Ⅲ+갔+ㅣ+다(→다가)、오다+ㅣ+는、길+에、드리다(他 差し上げる)의+Ⅱ+ㄹ게。
「そして金のことですが。峠を越えて行って来た道に差し上げるから。」

㉗ 이、양반、말+한+번、잘、하다+ㅣ+네。
「この男よくも言ってくれるね」

내+가、당신+을、언제、보다+Ⅲ+ㅆ+다+고、외상(名 つけ)+이야?
「私があなたにいつ会ったってツケだって?」

㉘ 그、색시、내、차+에、태우다+Ⅲ+주다+Ⅱ+면、내、국밥、열+그릇+은、사다(他 買う)의+Ⅱ+리다(用尾 …するであろう)
「その娘を俺の車に乗せてくれたら俺が汁飯10杯はおごるぞ」

아니、열+그릇、아니다+라、백(名 百)+그릇+이라+사다+ㅣ+지。
「いや、10杯でなく100杯でもおごるぞ。」

㉙ 나그네(名 旅人)+를、잘、대접하다(他 もてなす)의+Ⅱ+라+는、것+은 성경(名 聖書)+말씀(名 言葉の尊称)+에+도、있다+ㅣ+습니다。
「旅人をよくもてなせということは聖書のお言葉にもあります。」

㉚ 시끄럽다(形 うるさい)의+Ⅲ+요、빨리、오다+Ⅲ。
「うるさいよ。早く来い。」

㉛ 생각나다+ㅣ+면、오다+ㅣ+라+고、진흙(名 泥)+속+의、진주(名 真珠)+야。
「思い出したら来いって。泥の中の真珠だ。」

🎬 納屋

㉝ **민우:** 이봐 벙어리.
정말 고향에 가고싶나?
이젠 글렀어.
우도는 커녕 이 산맥도 못넘을거야.
여기까지 널 데려온건 내가 아니라
이 병태의 힘이었어.
약이라도 좀 먹여야 할텐데.

왕초 자격이 없구나.

㉞ **민우:** 아 저 재를 넘으실겁니까?
㉟ **운전수2:** 워째 그라요?
㊱ **민우:** 좀 태워줬으면 해서요.
㊲ **운전수2:** 마 저 화물칸 안이라도 좋 다카믄 타고가소.
㊳ **민우:** 아이구 감사합니다.
㊴ **운전수2:** 한숨 자고 떠날깁니다.

ミヌ：なあチュンジャ。
そんなにウドに行きたいのか。
残念だが、
ウドどころか、この峠を越すすべが
ない。ここまで来られたのは俺のお
かげじゃないビョンテのおかげだ。
薬でも飲ませたいが。

親分失格だな。

ミヌ：あの、町まで行かれますか。
運転手2：何か用かい？
ミヌ：あ、乗せてもらえたらと思って。
運転手2：あそこの荷台でもよけりゃ
乗ってきな。
ミヌ：ああ、恩に着ます。
運転手2：ちょいとひと眠りしてか
らな。

㉜감칠맛(名 醍醐味)＋이、있다의Ⅰ＋겠의Ⅰ＋는데。
「いい思いができそうだぞ」

㉝이＋보다의Ⅲ、벙어리。
「なあ聾唖。」

정말、고향＋에、가다의Ⅰ＋고 싶다의Ⅰ＋냐。
「本当に故郷に行きたいか？」

이제＋ㄴ、그르다(形 間違った)의Ⅲ＋ㅆ의Ⅲ。
「もうダメだ。」

우도＋는커녕、이、산맥(名 山脈)＋도、못＋넘다의Ⅱ＋ㄹ＋거＋야。
「牛島はおろかこの山脈も越えられないだろう。」

여기＋까지、너＋를、데려오다의Ⅱ＋ㄴ、건、내＋가、아니다＋라。
「ここまでお前をつれてきたのは俺じゃなく」

이、병태＋의、힘＋이다의Ⅲ＋ㅆ의Ⅲ。
「このビョンテの力だった。」

약(名 薬)＋이라도、좀、먹이다(使 食べさせる)의Ⅲ＋야 하다(*Ⅲ＋야 하다で…しなければいけない)의Ⅱ＋ㄹ＋텐데。
「薬でも少し飲ませなければならないだろうが。」

왕초、자격(名 資格)＋이、없다의Ⅰ＋구나。
「親分の資格がないなあ。」

㉞저、재＋를、넘다의Ⅱ＋시의Ⅱ＋ㄹ＋거＋ㅂ니까。
「あの峠をお越えになるのですか？」

㉟워짜(→어쩌의 방언)、그라요(ㄹ래요의 방언)。
「どうしてそう言う？」

㊱좀、태우다의Ⅲ＋주다의Ⅲ＋ㅆ의Ⅱ＋면、하다의Ⅲ＋서＋요。
「少し乗せてくれたらと思って。」

㊲저、화물칸(名 荷台)、안＋이라도、좋다카믄(좋다고 하면의 방언)、타다의Ⅰ＋고＋가다의Ⅰ＋소。
「あの荷台の中でも良いと言うなら乗って行きなさい。」

㊳감사하다의Ⅱ＋ㅂ니다。
「感謝します。」

㊴한숨(名 一息)、자다의Ⅰ＋고、떠나다의Ⅱ＋ㄹ＋기(→거)＋ㅂ니다。
「ひと眠りして、発つつもりです。」

韓国語翻訳の泣き所

　本書では、文法解説に全訳を付しました。この全訳、誰にでもできる作業と思うかもしれませんが、実は結構難しい。

　わが西ヶ原字幕社にも時々、この全訳のオファーが来ます。ドラマなり映画なりの吹き替え版を作るのに、私たちの全訳をもとに、韓国語の分からないリライター（英語の吹き替え翻訳をやっている方が多いようです）が台本を作成するためです。私が吹き替え翻訳を始めるはるか前から、韓国の映画やドラマの吹き替え版はこうして作られてきました。

　ある時、とあるクライアントから「全訳の日本語が分かりにくい」とクレームが来ました。どういうところが分かりにくいのかと聞いたところ、指摘された箇所の多くは、私たちが原語の情報を極力落とさないようにするため、意図的に韓国語の語順・表現が分かるような日本語にした個所でした。

　そのひとつが反語表現でした。韓国語は反語の多い言葉で、それが独特の威厳や親密さ、感情の高ぶりなどを表現します。慣れてくると、それが反語であるという感覚さえなくなるほどです。

　例えば、娘と再会を果たしたチュンジャの母が、チュンジャのくれた老眼鏡を見ながら、「**니 덕분에 서울 안경 안써보나**.（お前のおかげでソウルの眼鏡をかけてみないか）」と言います。「かけてみないか、いや、かけてみる」というわけですが、実際は道中で買った老眼鏡なのに、ソウルみやげと信じてつゆ疑わない、母娘間の強い絆が感じられます。これを日本語にするのは大変です。「かけてみるじゃないか」…、これじゃチャーリー浜みたいだ。

　正直、分かりやすい日本語にすることは簡単です。「お前のおかげでソウルの眼鏡をかけられたよ」。しかし、これで私の感じる母娘間の絆が、韓国語の分からないリライターに伝わるでしょうか。分かりやすい日本語にすればするほど、原語の持つ情報は落ちます。翻訳者が落とした情報が事後的に拾われることはありません。いわゆる「二重の翻訳」という問題です。

　「そんなもの、大した問題じゃない」というのが、従来の吹き替え版制作の共通了解でした。例えるなら小説や漫画の映像化において、脚本家が台本を書くようなもの。そこに一定の合理性があることには、私も同意します。問われるべきはおそらく、日本語版制作のアカウンタビリティ（説明可能性）なのだろうと思います。

　実は私も過去に、知り合いの中国語翻訳者と組んで、香港映画の吹き替え台本を書いたことがあります。中国語も分からないくせに…というそしりを受けないよう、分からないことや細かなニュアンスなど、逐一相談して書き上げましたが、最終的にどうだったかは分かりません。この「最終的にどうだったか分からない」感覚こそ、従来の吹き替え版制作の抱える矛盾なのだと思います。

Chapter 9

峠の食堂前

① **운전수:** 아이구 날씨 한번 춥다.
　　이봐 색시 어디로 가는거야?
　　내 차로 갈까?
　　거긴 너무 좁지?
　　어디가 좋을까 가만 있자…
　　마침 생각났다.
　　좋은 곳이 있어. 그리로 가지.

運転手: こりゃあ寒いな。
　　お嬢さん　どこに行こうか？
　　俺の車は？
　　あそこは狭いか？
　　さあてどこがいいかな…
　　そうだ思い出した。
　　いいところがある、そこ行こう。

納屋

② **병태:** 춘자는 어디갔어요?

③ **민우:** 글쎄.
④ **병태:** 어디갔냐구요.
⑤ **민우:** 곧 오겠지 뭐.
⑥ **병태:** 나한테 뭐 감추는 거죠?
⑦ **민우:** 음 아니야.
　　곧 돌아올거야.
　　소피 보러 갔나?
　　어딜가?
⑧ **병태:** 춘자를 찾아봐야겠어요.
⑨ **민우:** 기다려 임마. 돌아온데도.

⑩ **병태:** 춘자씨．　춘자씨

ビョンテ: チュンジャはどこ行ったの？
ミヌ: ん？　さあな。
ビョンテ: 答えてよ。
ミヌ: すぐ戻るさ。
ビョンテ: 何か隠してるね？
ミヌ: んん、別に。
　　待ってりゃ戻るさ。
　　便所にでも行ったかな？
　　おい、どこに行く？
ビョンテ: チュンジャを探してくる
ミヌ: 待ってろって。すぐ戻るさ。

ビョンテ: チュンジャさん、チュンジャさん。

① 날씨(名 天気)、한번 춥다.
「天気が寒いな。」

이、보다의Ⅲ、색시、어디+로、가다의Ⅰ+는+거+야.
「なあお嬢さん、どこへ行くんだ?」

내、차+로、가다의Ⅱ+ㄹ+까.
「俺の車へ行くか」

거기+ㄴ、너무(副 あまりに)、좁다(形 狭い)의Ⅰ+지.
「そこは狭すぎるよな?」

어디+가、좋다의Ⅱ+ㄹ까、가만、있다의Ⅰ+자...
「そうだな、どこがいいかな」

마침(副 ちょうど)、생각나다의Ⅲ+ㅆ+다. 좋다의Ⅱ+ㄴ곳+이、있다의Ⅲ、그리(代 そちら)+로、가다의Ⅰ+지.
「ちょうど思い出した。いいところがある。そちらへ行こう。」

② 춘자+는、어디+가다의Ⅲ+ㅆ의Ⅲ+요.
「チュンジャはどこ行きましたか?」

③ 글쎄.
「そうだな。」

④ 어디+가다의Ⅲ+ㅆ의Ⅰ+나+구+요.
「どこ行ったのかって。」

⑤ 곧、오다의Ⅰ+겠+지 뭐.
「すぐに来るだろう。」

⑥ 나+한테、뭐、감추다의Ⅰ+는、거+죠.
「僕に何か隠してるでしょう?」

⑦ 아니야.
「いいや。」

곧、돌아오다(直 帰ってくる)의Ⅱ+ㄹ、거+야.
「すぐ戻ってくるさ。」

소피(名【所避】小便)、보다의Ⅱ+러、가다의Ⅲ+ㅆ의Ⅰ+나.
「小便しに行ったかな」

어디+ㄹ、가다의Ⅲ.
「どこに行く?」

⑧ 춘자+를、찾다의Ⅲ、보다의Ⅲ+야、하다의Ⅲ+요.
「チュンジャを探してみないと。」

⑨ 기다리다(他 待つ)의Ⅲ、임마. 돌아오다의Ⅱ+ㄴ대도(→ㄴ다고 해도 …というのに).
「待て、こいつ。戻ってくるというのに。」

⑩ 춘자+씨.
「チュンジャさん」

🎞 小屋

⑪ **병태**: 죽인다.
⑫ **운전수**: 이런 쪼끄만 녀석이.
　　이 안경잡이 자식은 왜 튀어나왔어.
　　이 조막만한 자식.
　　잠자는 사자 콧수염 건드렸어.
⑬ **민우**: 왜 이러십니까.
　　말로 하세요.
⑭ **병태**: 꺼져 꺼지란 말야.
⑮ **운전수**: 이제 보니까
　　니 세년놈들이 짜고서 하는 짓이로구나.
⑯ **병태**: 꺼져.
⑰ **운전수**: 좋아.
　　아까 받은 돈 내놔.
　　꺼져 줄테니까 돈 내놓으라고.
　　내놔, 돈 내놔. 돈 내놔 빨리.
　　오늘 시간이 없어서 참는줄 알아라.
　　정말 더럽다.
　　재수 옴붙었네
⑱ **병태**: 왜 그런 짓을 했어?
　　왜 그런 짓을 했어?
　　미안해요.
　　내가 잘못했어요.
⑲ **민우**: 자 떠나자.
　　재 넘는 차를 얻어놨으니까.
⑳ **병태**: 이 드러운 자식.
　　넌 다 알면서 모른척했어.
　　갈려면 너나 가.

ビョンテ：殺してやる！
運転手：何だこの眼鏡野郎は。
　　おい、ちっこいのどっからもぐり込みやがった。このチビめ　眠れる獅子を起こしてくれたな。
ミヌ：暴力はいけません。
　　話せば分かります。
ビョンテ：消えろ　ここから消えろ。
運転手：分かったぞ。グルになって、俺をはめようってんだな、え？
ビョンテ：うせろ！
運転手：いいだろう。
　　さっきの金返せ。
　　消えてやるから、金返せ早く。
　　返せよ、さっき渡したろ。
　　今日は時間がないから我慢するが。
　　ついてねえや。
　　つくづくついてねえ日だ。
ビョンテ：なんでこんなことを…
　　なんでこんなことした？
　　ごめん。
　　僕が、悪かったよ。
ミヌ：出かけるぞ。
　　峠を越える車を手配した。
ビョンテ：卑怯者。
　　知ってたのに、黙ってたな。
　　もう絶交だー！

⑪ 죽이다(他 殺す)의Ⅱ+ㄴ다(用尾〔下称終止形を作る〕…だ)。
「殺す。」

⑫ 이런、조그맣다(形 小さい)의Ⅱ+ㄴ、녀석(名 やつ)+이。
「このちっぽけなやつが。」

안경잡이(名 眼鏡をかけた人)、자식+은、왜、튀다(自 跳ぶ)의Ⅲ+나오다(自 でてくる)의Ⅲ+ㅆ의 Ⅲ。
「この眼鏡をかけたやつはなんで飛び出してきた」

이、조막(名 小ぶりなもの)+만하다(形 ほどである)의Ⅱ+ㄴ、자식. 잠다(自 寝る)+자다의Ⅰ+는、사자(名 獅子)、콧(코(名 鼻)+ㅅ)+수염(名 ひげ)、건드리다(他 触れる)의Ⅲ+ㅆ。
「このチビめ。眠れる獅子の口ひげに触れたな。」

⑬ 왜、이러다의Ⅱ+시의Ⅱ+ㅂ니까。
「やめてください」

말+로、하다의Ⅱ+시의Ⅲ+요。
「言葉で言ってください。」

⑭ 꺼지다(自 消える)의Ⅲ、꺼지다의Ⅱ+라+ㄴ、말+야。
「消えろ。消えろっていうんだ。」

⑮ 이제、보다의Ⅱ+니까. 니、세+년+놈+들+이 짜다의Ⅰ+고서(用尾 …して)、하다의Ⅰ+는、짓+이다+로구나(用尾 …だなあ)。
「どうやらお前ら3人がグルになってやってるな。」

⑯ 꺼지다의Ⅲ。
「消えろ。」

⑰ 좋다의Ⅲ。
「いい。」

아까、받다(他 もらう)의Ⅱ+ㄴ、돈、내다(他 だす)의Ⅲ+놓다(他 放す)의Ⅲ。
「もらった金を出せ。」

꺼지다의Ⅲ+주다의Ⅱ+ㄹ테니까、돈、내다의Ⅲ+놓다의Ⅱ+라+고。
「消えてやるから金出せと。」

오늘、시간(名 時間)+이、없다의Ⅲ+서、참다(他 我慢する)의Ⅰ+는、줄、알다의Ⅲ+라。
「今日は時間がなくて我慢すると思え。」

정말、더럽다(形 汚い)。
「本当に汚い。」

재수(名 運)、옴(名 疥癬)+붙다(自 付く)의Ⅲ+ㅆ의Ⅰ+네。
「ツイてないぜ。」

⑱ 왜、그런+짓+을、하다의Ⅲ+ㅆ의Ⅲ。
「なぜそんなことをした?」

미안하다의Ⅲ+요。
「ごめん。」

내+가、잘못하다의Ⅲ+ㅆ의Ⅲ+요。

㉑ **민우** : 우물쭈물 해봐야 이로울것 없어.
빨리 서두르라고.

ミヌ：ぐずぐずしてていいことはないぞ。
支度しろ。

貨物車の中

㉒ **민우** : 병태 이제 보니까
여간 내기가 아니던데?
아퍼서 빌빌대던 녀석이
어디서 그런 힘이 나왔지?
사랑의 힘이 그렇게 무서운가?
몸이 약해서 힘도 못쓸줄 알았는데 놀랬어.
말 좀 해봐. 병태.

㉓ **병태** : 입닥쳐.
넌 사랑을 말할 자격도 없는 더러운 놈이야.
다 니가 꾸민 짓인지 알고 있단 말이야.

㉔ **민우** : 넌 이 벙어리한테 사랑을 배워야돼.
앤 니 아픈 몸을 구하려고
자기 몸을 버리려고 했어.
바로 그게 사랑인거야.
너 처럼 벙어리를 남한테 뺏길까봐
사람을 죽일듯이 달려드는것은
사랑이 아니야. 질투일 뿐이지.

ミヌ：ビョンテもどうやら
ただ者じゃないな。
風邪でうなされてたくせに、
取っ組み合いとはな。
愛の力は偉大ってもんだ？
ケンカなんかできそうにないと思ってたが驚いた。
何とか言えよ。ビョンテ。

ビョンテ：黙ってろ。
お前なんかに愛を語る資格はない。

全部お前が仕組んだことなんだろ。

ミヌ：お前もチュンジャの愛を見習わないとな。
病気のお前を助けようと
自分の体を売ろうとした。
それこそ愛だ。
お前のように、好きな女を取られまいと、血眼になって飛びかかるのは、
愛じゃない。嫉妬ってやつだ。

「僕が悪かったよ。」

⑲ 자、떠나다의Ⅰ+자。
「さあ発とう。」

재、넘다의Ⅰ+는、차+를、얻다의Ⅲ+놓다의Ⅲ+ㅆ의Ⅱ+니까。
「峠を越える車を見つけておいたから。」

⑳ 이、더럽다의Ⅱ+ㄴ、자식. 넌、다、알다의Ⅱ+면서、모르다의Ⅱ+ㄴ、척(名 ふり)+하다의Ⅲ+ㅆ의Ⅲ。
「この汚いやつ。お前はすべて知りながら知らないふりをした。」

가다의Ⅱ+ㄹ려면、너+나、가다의Ⅲ。
「行くならお前ひとりで行け。」

㉑ 우물쭈물하다(自 ぐずぐずする)의Ⅲ+보다의Ⅲ+야(用尾 …しても)、이롭다(形 有益だ)의Ⅱ+ㄹ 것、없다의Ⅲ. 빨리、서두르다(他 急ぐ)의Ⅱ+라고。
「ぐずぐずしてみても有益なことはない。早く急げと。」

㉒ 병태、이제、보다의Ⅱ+니까、여간내기(名 ただ者)+가、아니다의Ⅰ+던데。
「ビョンテ、今見るとただ者じゃなかったが」

아프다의Ⅲ+서、빌빌대다(自 元気なく振る舞う)의Ⅰ+던 녀석+이。 어디+서、그런、힘+이、나오다(自 でてくる)의Ⅲ+ㅆ의Ⅰ+지。
「痛くてピーピー言ってたやつが、どこからそんな力が出てきた?」

사랑+의、힘+이、그렇게、무섭다(形 怖い)의Ⅱ+ㄴ가。
「愛の力が、そんなに恐ろしいのか?」

몸+이、약하다(形 弱い)의Ⅲ+서、힘+도、못+쓰다의Ⅱ+ㄹ+줄、알다의Ⅲ+ㅆ의Ⅰ+는데、놀라다(自 驚く)의Ⅲ+ㅆ의Ⅲ。
「体が弱くて力も使えないと思っていたのに驚いた。」

말+좀、하다의Ⅲ+보다의Ⅲ、병태。
「何とか言ってみろ。ビョンテ。」

㉓ 입、닥치다의Ⅲ. 넌、사랑+을、말+하다의Ⅱ+ㄹ、자격+도、없다의Ⅰ+는、더럽다의Ⅱ+ㄴ、놈+이야。
「口を閉じろ。お前は愛を語る資格もない汚いやつだ。」

다、니+가、꾸미다(他 装う)의Ⅱ+ㄴ、짓+이다의Ⅱ+ㄴ지、알다의Ⅰ+고 있다의Ⅰ+ㄴ、말+이야。
「すべてお前が仕組んだことか知っているんだ。」

㉔ 넌、이、벙어리+한테、사랑+을、배우다(他 学ぶ)의Ⅲ+야+되다의Ⅲ。
「お前はこの聾唖に愛を学ばなければならない。」

얜(→이+애+는)、니、아프다의Ⅱ+ㄴ、몸+을、구하다의Ⅱ+려고. 자기、몸+을、버리다의Ⅱ+려고 하다의Ⅲ+ㅆ의Ⅲ。
「この子はお前の痛い体を助けようと自分の体を捨てようとした。」

바로(副 まさに)、그게、사랑+이다의Ⅱ+ㄴ거+야。
「まさにそれが愛なのだ。」

너、처럼(尾 …のように)、벙어리+를、남+한테、뺏기다(他 奪われる)의Ⅱ+ㄹ까 봐(*…するかと

㉕ **병태 :** 이젠 네 궤변따위는
   들고 싶지 않아.
   이 차가 멎는 즉시
   우리 헤어지는거야.
㉖ **민우 :** 그 듣던 중 반가운 소리구나.
   재를 넘어도 우도는 멀어.
   어떻게 거기까지 갈거야?
   새처럼 날아갈거야?
㉗ **병태 :** 염려하지마.
   내 혼자힘으로
   춘자를 고향으로 데려가겠어.

ビョンテ : お前の詭弁なんか
聞きたくない。
この車を降りたら、
おさらばだ。
ミヌ : はーっ、そりゃああリがたい
話だ。峠を越しても、ウドは遠い。
どうやってそこまで行く？
鳥になって飛んでくつもりか？
ビョンテ : 心配するな。
僕の力で
チュンジャを、ふるさとに連れていく。

思って)사람+을、죽이다의Ⅱ+ㄹ듯이(不完名 よう)、달려들다(自 とびかかる)의Ⅰ+는+것+은。
「お前のように聾唖を他人に奪われるかと思って人を殺すように飛びかかることは」

　사랑+이、아니다의Ⅰ+야、질투(名 嫉妬)+이다의Ⅱ+ㄹ、뿐(不完名 ～だけ)+이다의Ⅰ+지。
「愛でないのだ。嫉妬であるだけだ。」

25 이제+ㄴ、네、궤변(名 詭弁)+따위+는、듣다(他 聞く)의Ⅰ+고 싶다의Ⅰ+지 않다의Ⅲ。
「もうお前の詭弁などは聞きたくない。」

　이、차+가、멎다(自 止まる)의Ⅰ+는、즉시(名 即時)、우리、헤어지다(自 分かれる)의Ⅰ+는+거+야。
「この車が止まったら即、俺たちは別れるんだ。」

26 듣다의Ⅰ+던、중、반갑다(形 嬉しい)의Ⅱ+ㄴ、소리+구나。
「聞いていたうちでうれしい話だな。」

　재+를、넘다의Ⅲ+도、우도+는、멀다(形 遠い)의Ⅲ。
「峠を越えても牛島は遠い。」

　어떻게、거기+까지、가다의Ⅱ+ㄹ 거+야。 새(名 鳥)+처럼、날다(動詞 飛ぶ)의Ⅲ、가다의Ⅱ+ㄹ+거+야?
「どうやってそこまで行くんだ?鳥のように飛んでいくのか?」

27 염려하다(他【念慮】心配する)의Ⅰ+지마。
「心配するな。」

　내、혼자、힘+으로、춘자+를、고향+으로、데려가다의Ⅰ+겠의Ⅲ。
「僕一人の力でチュンジャを故郷へ連れていく。」

差別語を考える

　映像翻訳の講座に通うと、「差別語を使わないように」と教わったりします。しかし、差別語の定義やリストがどこかにあるわけではありません。それがグレーゾーンを生み、表現者の筆を縛ります。この点については、すでに活発な議論がなされていますので、屋上屋を架すことはしません。

　私事で恐縮ですが、私は大学院で社会学を専攻しました。偏見や差別の問題に関心を持ち、そのメカニズムに迫ろうというのが動機のひとつでした。同じゼミにはホームレスを研究テーマにしている先輩もいましたし、障害者や同性愛者への差別をなくすべく研究している人たちと議論をすることもありました。私もまた、不当な差別によって誰かが傷つく事態を看過することはできません。

　しかし同時に、差別の範囲を恣意的に拡大縮小することも、不毛であると思っています。十何年も映像翻訳で飯を食っていると、こうした場面に少なからず遭遇します。

　翻訳者として関わる限り、私は物分かりのいい翻訳者でありたいと思います。版権元や放送局がセーフティ・ファーストを是とすることは、立場上いわば当然であり、翻訳者は求められる翻訳をするだけです。一方で、自分の責任で、納得のいく翻訳をしたい思いも募ります。

　「鯨とり」は、そういう意味で、この問題に関する自己表明の機会でもありました。この作品は、「**거지**（乞食）」「**벙어리**（おし）」「**장님**（めくら）」など、グレーゾーン（もしくは黒）のオンパレードです。検問で引っかかった３人が取調べを受けるシーンで、「おしとめくらがお出かけか」というセリフが出てきた時は天を仰ぎました。

　結果から言うと、「**벙어리**（おし）」や「**장님**（めくら）」は、「話せない」「目が見えない」「口が不自由」など、他の表現で代替しました。なぜなら代替が可能だから、そして、意図せず誰かを傷つけるリスクを冒してまで問題を含む表現を使う、積極的な理由がないからです。

　一方で、**거지**の訳語にはこだわりました。劇場公開時の字幕では「物乞い」と訳しましたが、DVDでは字幕吹き替え共に「乞食」と訳しました。なぜならこの映画では、乞食であることが、私的所有を前提とする資本主義体制からの離脱という、積極的な意味を持っているからです。「ホームレス」のように、横文字にしてぼかすという古典的な手法も、ここでは使えません。なぜならホームレスとは、後期資本主義の中で顕在化した新しい貧困問題であり、定義からして違います。

　差別をするのは言葉を発する人間であり、言葉自体ではありません。人を傷つけることは避けなければなりませんが、その言葉の発せられた意図まで含めて、作品の世界観を正確に伝えることが翻訳者の本分であり、それに成功したローカライズがよいローカライズであると私は考えます。「鯨とり」を見ながら、今一度この問題に考えをめぐらす人が増える──それがよいローカライズへの一歩になると信じています。

Chapter 10

田舎街

① **운전수2** : 다왔심더. 내리시소.
② **민우** : 감사합니다.

③ **병태** : 이젠 어디로 갈거야?
④ **민우** : 이봐 벙어리.
이제 우리 헤어지는거야.
이 녀석 말이야.
좀 어리벙벙 하지만 쓸만한 녀석이야.
그러니까 끝까지 붙들고 늘어지라구.
이봐 벙어리.
고향에 가거든 동물원으로 편지하라구.

運転手：着いたよ、さあ降りた。
ミヌ：ありがとう。

ビョンテ：どこに行く気だ？
ミヌ：なあチュンジャ。
いよいよ、お別れだ。
こいつはな、
少々マヌケだが、頼りになる。
だから最後までついて行け。
おいチュンジャ。
田舎に着いたら
動物園あてに手紙をくれ。

市場

⑤ **병태** : 그 자식 잊어버려.
다신 나타나지 않을거야.
배고프지?
먹을것 좀 구해올테니까
여기서 기다려. 곧 돌아올게.
⑥ **노점상** : 할머이요. 이게 좋심니다.
써 보이소.
좋심니다.
할머이 얼굴에 딱 어울립니다.
잘 보이지예?

ビョンテ：もう忘れろ。
あいつは戻ってこないさ。
腹減ったろ？
食べ物を探してくるから、
ここで待ってろ。すぐに戻るから。
露天商：おばあさん、これなんかどうです？さ、かけてみて。
いいじゃないですか。
おばあさんにぴったりだ。
よく見えるでしょ？

① 다+왔심더(→왔습니다의 方言), 내리시소(→내리세요의 方言).
「着きました。降りてください。」

② 감사합니다.
「ありがとうございます。」

③ 이제+ㄴ、어디+로、가다의Ⅱ+ㄹ 거+야.
「これからどこへ行くんだ？」

④ 이、보다의Ⅲ、벙어리.
「なあ、聾唖。」

이제、우리、헤어지다의Ⅰ+는+거+야.
「俺たちはこれでお別れだ。」

이、녀석、말+이야. 좀、어리벙벙하다(形 マヌケだ)의Ⅰ+지만、쓰다의Ⅱ+ㄹ、만하다의Ⅱ+ㄴ、녀석+이야.
「こいつはな、少しマヌケだが使えるやつだ。」

그러니까(接 だから)、끝+까지、붙들다(他 つかむ)의Ⅰ+고、늘어지다(自 ぶらさがる)의Ⅱ+라+구.
「だから最後までつかんでぶら下がれってな。」

이、보다의Ⅲ、벙어리.
「なあ、聾唖。」

고향+에、가다의Ⅰ+거든(用尾 …したら)、동물원+으로、편지(名 手紙)하다의Ⅱ+라+구.
「故郷に行ったら動物園に手紙を書けって。」

⑤ 그、자식、잊어、버리다의Ⅲ.
다시+ㄴ 나타나다(自 現れる)의Ⅰ+지 않다의Ⅱ+ㄹ+거+야.
「そいつは忘れろ。二度とは現れないさ。」

배、고프다의Ⅰ+지.
「腹減っただろう？」

먹다의Ⅱ+ㄹ、것、좀、구하다(他【求】探す)의Ⅲ+오다의Ⅱ+ㄹ+테니까、여기+서、기다리다의Ⅲ.
「食べるもの少し探してくるからここで待て。」

곧、돌아오다의Ⅱ+ㄹ게.
「すぐ戻ってくるから。」

⑥ 할머이(→할머니의 方言)+요、이게+좋심니다(→좋습니다의 方言).
「おばあさん。これがいいです。」

쓰다 의Ⅲ、보다의Ⅰ+소.
「おかけください。」

좋다의Ⅰ+십니다(습니다). 할머니(名 祖母)、얼굴(名 顔)+에、딱、어울리다(自 合う)의Ⅱ+ㅂ니다.
「良いです。おばあさんの顔にぴったり合います。」

잘、보이다의Ⅰ+지예(지+요의 方言).
「よく見えるでしょ？」

⑦ **할머니**: 싸다
⑧ **노점상**: 삼천원 입니다.

⑨ **노점상**: 내놔라. 내노라 카이.
이놈 가시내. 엉뚱한 가시내 아이가.
내 안경을 품속에 넣고
내놓을 생각도 안하네.
이 놈 가시내.
대낮이어서 발가벗길수도 없고.
우야믄 좋노?

⑩ **병태**: 무슨 일이에요. 아저씨.
⑪ **노점상**: 이 가시내가 내 안경을
쳐넣고 돈도 안주고 물건도 안주는 기
라.
⑫ **병태**: 정말이야?
⑬ **노점상**: 내가 실없는 소리를 하는줄
아나?
이 사람 웃기는 사람이네.

⑭ **병태**: 내놔.

⑮ **노점상**: 어 바로 이기다.
할말 없제. 이 도둑년 아이가.
⑯ **병태**: 왜 훔쳤어?
⑰ **병태**: 엄마 줄려구?
⑱ **노점상**: 여러소리 할것 없다.

おばあさん：安いね。
露天商：3千ウォンです。

露天商：返せ、何しやがんでえ。
この女、おかしいんじゃねえか。
売り物を懐に入れて返さねえんだ。

まいったな。
女の服を脱がすわけにもいかんし。
どうすりゃいいんだ？

ビョンテ：どうかしましたか？
露天商：あ、この女が金も払わねえ
で売り物をくすねたんだ。

ビョンテ：本当か？
露天商：言いがかりとでも言うんか？

どうしてくれる。

ビョンテ：出せ。

露天商：おお、これだよこれ。
これで分かったろ、こいつは泥棒だ。
ビョンテ：なんで盗んだ？
ビョンテ：お母さんに？
露天商：警察に突き出してやる。

⑦싸다。
　「安い。」

⑧삼천(3千)+원+이다의Ⅱ+ㅂ니다。
　「3千ウォンです。」

⑨내다의Ⅲ+놓다의Ⅲ+라、내다의Ⅲ+놓다의Ⅱ+라、카이(→고 하니의 方言)。
　「出せ。出せというのに。」

　이、놈、가시내(名 계집아이의 方言)、엉뚱하다(形 とんでもない)의Ⅱ+ㄴ、가시내、아이가(→아니냐의 方言)。
　「この女、とんでもない女じゃないか。」

　내、안경(名 眼鏡)+을、품(名 ふところ)+속+에、넣다의Ⅰ+고.
　내다의Ⅲ+놓다의Ⅱ+ㄹ、생각(名 考え)+도、안+하다의Ⅰ+네。
　「俺の眼鏡を懐に入れて、出す考えもしないな。」

　이、놈、가시내。　대낮(名 白昼)+이다의Ⅲ+서、발가벗기다(他 裸にする)의Ⅱ+ㄹ+수+도、없다의Ⅰ+고。
　「この女、昼間だから裸にするわけにもいかず。」

　우야믄(→어찌하면의 方言) 좋다의Ⅰ+노(→냐의 方言)。
　「どうしたらいいんだ」

⑩무슨、일+이다의Ⅲ+요、아저씨。
　「何のことですか。おじさん。」

⑪이、가시내+가、내、안경+을、치다(他 とる)의Ⅲ+넣다의Ⅰ+고
　돈+도、안+주다의Ⅰ+고、물건+도、안+주다의Ⅰ+는、기(→것)+라。
　「この女が私の眼鏡をくすねて金もくれず、物もくれないのだ。」

⑫정말+이야?
　「本当か?」

⑬내+가、실없다(形 実のない)의Ⅰ+는、소리+를、하다의Ⅰ+는+줄、알다의Ⅰ+나。
　「俺が嘘でも言ってると思うか?」

　이、사람、웃기다(他 笑わせる)의Ⅰ+는、사람+이다의Ⅰ+네。
　「この人笑わせる人だね。」

⑭내다의Ⅲ+ 놓다의Ⅲ。
　「出せ。」

⑮바로、이거+다。
　「まさにこれだ。」

　하다의Ⅱ+ㄹ+말+없다의Ⅰ+제. 이、도둑+년、아이가。
　「言うことないだろう。こいつ泥棒女じゃないか。」

⑯왜、훔치다의Ⅲ+ㅆ의Ⅲ。
　「なぜ盗んだ?」

⑲ **병태** : 용서해주세요. 애가 몰라서 그랬어요.
　　아저씨 용서해주세요.
⑳ **민우** : 형님.
　　심부름 보냈더니
　　왜 장터에서 노닥거리고 있냐?
　　이 형아가 눈이 빠지게 기다리고 있었잖아.
　　병태야.
㉑ **병태** : 애가 돈을 잃어 버렸어요.
㉒ **민우** : 제 동생들입니다.
　　워낙 칠칠치 못해서.
　　엄마 안경 골랐냐?
　　얼맙니까?
㉓ **노점상** : 삼천원입니더.
㉔ **민우** : 자 여기.. 미안합니다.
　　너희들 하여튼 매좀 맞아야겠어.

ビョンテ : 許してください。そんなつもりじゃ。悪気はなかったんです。
ミヌ : おっと、
お使いにやったのに、こんなとこで道草食って？
この俺が、首を長くして待ってるってのに。
ビョンテ。
ビョンテ : こいつが、お金を落として。
ミヌ : 弟たちでして。
まったくしっかりしろよ。
どれにする？
いくらです？
露天商 : 3千ウォンです。
ミヌ : では、これで…失礼しました。
お前たち、帰ったらお仕置きだ。

🎬 市場の一角

㉕ **민우** : 니가 이뻐서 온게 아냐.
　　안심이 안되서 왔어.
　　감기약이다.

㉖ **병태** : 왕초. 돈이 어디서 생겼어?
㉗ **민우** : 가산정리 했지.
　　뭐 먹고싶은거 없냐?
㉘ **병태** : 막걸리.
㉙ **민우** : 막걸리? 좋아 가자.

ミヌ : どうにも気がかりで戻ってきてみたら、案の定だ。
風邪薬だ。

ビョンテ : 親分　お金どうしたの？
ミヌ : 家財道具を売ったさ。
何か食べたいものないか？
ビョンテ : どぶろく。
ミヌ : どぶろく？　よし、行こう！

⑰ 엄마, 주다의Ⅱ+ㄹ려구.
　「お母さんにあげようと？」
⑱ 여러(数 いろいろの)+소리, 하다의Ⅱ+ㄹ, 것, 없다.
　「あれこれ言うことない。」
⑲ 용서하다의Ⅲ+주다의Ⅱ+시의Ⅲ+요, 얘+가, 모르다의Ⅲ+서, 그렇다의Ⅲ+ㅆ의Ⅲ+요. 아저씨, 용서하다의Ⅲ+주다의Ⅱ+시의Ⅲ+요.
　「許してください。この子が知らなかったんです。おじさん、許してください。」
⑳ 형님(名 兄さん). 「兄さん。」
　심부름(名 おつかい), 보내다(他 送る)의Ⅲ+ㅆ의Ⅰ+더니. 왜, 장터(名 市場)+에서, 노닥거리다(自 しきりにしゃべる)의Ⅰ+고 있다의Ⅰ+냐.
　「お使いに送ったらなぜ市場でしきりにしゃべっているんだ？」
　이, 형아(名 兄さん)가, 눈+이, 빠지다의Ⅰ+게, 기다리다의Ⅰ+고 있다의Ⅲ+ㅆ의Ⅰ+잖다의Ⅲ. 병태+야.
　「この兄さんが目が落ちるように待っていたじゃないか。ビョンテ。」
㉑ 얘+가, 돈+을, 잃다의Ⅲ+버리다의Ⅲ+ㅆ의Ⅲ+요.
　「この子が金を無くしてしまいました。」
㉒ 제, 동생(名 弟)+들+이다의Ⅱ+ㅂ니다.
　「私の弟たちです。」
　워낙(副 あまりにも), 칠칠하다(形 〔否定形で〕しっかりしていない)의Ⅰ+지 못하다의Ⅲ+서.
　「あまりにもしっかりしていなくて。」
　엄마, 안경, 고르다(他 選ぶ)의Ⅲ+ㅆ의Ⅰ+냐.
　「お母さんの眼鏡は選んだか？」
　얼마+ㅂ니까?
　「いくらですか？」
㉓ 삼(数 3)+천(数 千)+원+이다의Ⅰ+ㅂ니더(→ㅂ니다의 방언)
　「3000ウォンです。」
㉔ 자, 여기, 미안하다의Ⅱ+ㅂ니다.
　「さあ、これで。すみません。」
　너희(代 おまえたち)+들, 하여튼(副 いずれにせよ), 매(名 むち), 좀, 맞다(他 受ける)의Ⅲ+야+겠의Ⅲ.
　「お前たち、とにかくお仕置きをしないとな」
㉕ 니+가, 예쁘다의Ⅲ+서, 오다의Ⅱ+ㄴ, 게, 아냐(→아니야). 안심(名 安心)+이, 안+되다의Ⅲ+서, 오다의Ⅲ+ㅆ의Ⅲ.
　「お前がかわいくて来たんじゃない。安心できなくて来た。」
　감기(名 風邪)+약(名 薬)+이다.
　「風邪薬だ。」
㉖ 왕초, 돈+이, 어디+서, 생기다의Ⅲ+ㅆ의Ⅲ.
　「親分、金がどこから出てきたの？」

🎬 店の軒先

30 **병태**: 왕초. 한잔 해요.
31 **민우**: 난 막걸리 싱거워서 못마셔.
　　　　난 빼갈 체질이거든.
32 **병태**: 아줌마. 빼갈있어요?
33 **민우**: 아 아니야. 그냥 이거 마실게.
　　　　실은 난 말이야.
　　　　술냄새만 맡아도 취하는 놈인데.

34 **포주3**: 서라 안서나?
35 **병태**: 왕초!
36 **민우**: 야 이거 너무 많이 마셨다.
　　　　야 잘 뛰지도 못하겠다.

ビョンテ：親分も飲んでよ。
ミヌ：ううん、どぶろくは薄すぎてな。
もっとドギツイのでないと。
ビョンテ：おばさん、きついのある？
ミヌ：ああ、いいんだ、これにする。
実は、
酒は臭いだけで酔っ払っちまうんだ。

ヤクザ3：やつらだ　待ちやがれ。
ビョンテ：親分！
ミヌ：飲めない酒を飲んで、
ろくに走れやしない。

🎬 葬列

37 **포주1**: 요것들이.

38 **상여꾼**: 아니 이사람들 왜 이러는 거야.
　　　　아 이거 여기서 무슨짓들이야 이게
39 **상주**: 이런 나쁜 놈들을 봤나.
　　　　이런 망할놈들 같으니라고.
40 **상주**: 잡어 잡어.

ヤクザ１：こいつら。

棺を担ぐ人：何だこいつら。

ここで何ということをするんだ。
喪主：何というバチ当たりな、
死者の前で何の真似だ！
喪主：捕まえろ。

27 가산(名 家産)+정리(名 整理)、하다의Ⅲ+ㅆ의I+지。
「家産整理したのさ。」

뭐、먹다의I+고 싶다의Ⅱ+ㄴ、거、없다의I+냐。
「何か食べたいものないか?」

28 막걸리(名 どぶろく)。
「どぶろく」

29 막걸리、좋다의Ⅲ、가다의I+자。
「どぶろく?よし、行こう。」

30 왕초、한+잔、하다의Ⅲ+요。
「親分、一杯飲んでよ。」

31 난、막걸리、싱겁다(形 薄い)의Ⅲ+서、못+마시다의Ⅲ。
「俺はどぶろく、薄くて飲めない。」

난、빼갈(名詞 コーリャン酒)、체질(名【体質】)+이다의I+거든。
「俺はコーリャン酒体質なんだ。」

32 아줌마、빼갈、있다의Ⅲ+요?
「おばさん、コーリャン酒ありますか?」

33 아니야、그냥、이거、마시다의Ⅱ+ㄹ게。
「いや。これそのまま飲むから。」

실+은、난、말+이야。 술+냄새(名 におい)+만、맡다(他 嗅ぐ)의Ⅲ+도、취하다(自 酔う)의I+는、놈+이다의Ⅱ+ㄴ데。
「実は俺はな、酒の匂いをかいだだけでも酔うやつなんだ。」

34 서다(自 立つ)의Ⅲ+라、안+서다의I+냐。
「待て、待たないか。」

35 왕초。
「親分。」

36 너무、많이、마시다의Ⅲ+ㅆ의I+다。
「たくさん飲みすぎた。」

잘、뛰다의I+지+도、못하다의I+겠의I+다。
「うまく走ることもできなそうだ。」

37 요것(代 これ、こいつ)+들+이。
「こいつらが。」

38 아니、이+사람+들、왜、이러다의I+는+거야。
「なんだ、この人たちは、どうしてこんなことを。」

여기+서、무슨+짓(名 ふるまい)+들+이야、이게。
「ここで何のふるまいだ、こいつ。」

39 이런、나쁘다(形 悪い)의Ⅱ+ㄴ、놈+들+을、보다의Ⅲ+ㅆ나。 이런、망하다(自 だめになる)의Ⅱ+ㄹ+놈+들、같다의Ⅱ+니+라고。
「こんな悪いやつらを見たか。この滅びるべきやつらめ。」

㊶ **포주1** : 야 뭐하는거야 이거. ヤクザ１ : 何をするんだ、こいつら。

㊷ **민우** : 잘 있거라 나는 간다. ミヌ : さらば、我は行く。

> 🎞 貨物列車

㊸ **병태** : 왕초의 약점은 술이야 술. ビョンテ : 下戸だったとはね。
굴이다 굴. あ、トンネルだ。

㊵ 잡다의 Ⅲ。
「捕まえろ、捕まえろ」
㊶ 뭐하다의Ⅰ+는+거야。
「何するんだ」
㊷ 잘、있다의Ⅰ+거라(尾 …しろ)、나+는、간다。
「元気でな、私は行く。」
㊸ 왕초+의、약점(名 弱点)+은、술+이야、술。
「親分の弱点は酒だ酒。」
굴(名 洞窟、トンネル)+이다、굴。
「トンネルだ、トンネル」

カクソリ打令

　アン・ソンギ演じるミヌがあぜ道で「乞食の身の上、食わせにゃならない口ばかり増える」とわが身を嘆いたあと、意を決したように「**각설이타령** カクソリ打令」を歌いだすシーンは、「鯨とり」の前半のハイライトともいえます。そのカッコよさを分かっていただきたく、「カクソリ打令」について、しばし解説します。

　「カクソリ打令」は、乞食（カクソリ）が物乞いをする時、注目を集めるため、あるいは、施しをくれないと騒がしくするぞと脅すために歌う囃子唄で、字幕や吹き替えでは「乞食節」と訳しました。口承文化なので、いろんなバージョンがありますが、「鯨とり」の中で歌われているのは、こちら。

**얼씨구 씨구 들어간다 절씨구 씨구 들어간다
작년에 왔던 각설이가 죽지도 않고 또 왔네
이 내몸이 이래뵈도 정승판서의 자제로서
팔도감사 마다하고 각설이로만 나섰네.**

　さすが歌い継がれてきただけあって、学習者にとっても見るべきものが多い歌詞です。例えば、強調の助詞の使い方。**죽지도 않고**は、죽지 않고「死なずに」の**지**のあとに強調の助詞**도**が入っています。

　キム・ヒョンチョルという歌手の「**이길은 언제나**（この道はいつも）」という曲の中に、「**너를 사랑하는 나는 운도 좋은 놈이지**」という一節があります。この**도**は「AもBも」という羅列ではなく、強調です。なので「君を愛する僕は、まったく運のいいやつさ」くらいに訳しましょう。同じような指摘は、4行目の**만**にも当てはまります。「**꿈만 같아라**」は「夢だけのようだ」ではなく「まるで夢のようだ」と訳しましょう。

　3行目の末尾、**로서**は品詞上は助詞（〜として）です。ただし、「**자제로세**」と歌うバージョンもあり、この場合は古めかしい終助詞「〜である」です。なので、**로서**を助詞ととっても、訳としては上記終助詞のニュアンスに近く「〜であり」くらいに訳すのがいいでしょう。

　さて、劇中ミヌはビョンテやチュンジャから「**왕초**（ワンチョ）」と呼ばれます。実はこれ、翻訳者泣かせな単語でして、正確に言えば、乞食や山賊などが、どこからともなく集まって暮らしているうち、なんとなくグループができ、そこでなんとなくリーダーと目されるようになった人を指す言葉です。ぴったりくる日本語がなく、「親分」という訳語を当てましたが、やはりヤクザのような、厳格な秩序のもとに形成された組織を連想させてしまい、もっといい訳がなかったかな、と思う次第です。ちなみにヤクザの世界の親分のことは、韓国語では「**형님**」と呼びます。

Chapter 11

🎞 港

① **민우:** 우도까진 해안선을 따라
50리 길이야.
이대로 걷다가는
해질무렵에나 도착하겠다.
난 도저히 못걷겠어.

② **병태:** 빨리 와.

③ **병태:** 왕초.
자전거 탈줄 알아?

④ **민우:** 잠시 빌려 타는거지. 응?

ミヌ: ウドまでは海岸沿いに５０里だ。

このまま歩けば夕方くらいには
着くかな。
俺はもう限界だ。

ビョンテ: 早く。

ビョンテ: 親分。
自転車乗れる？

ミヌ: 後で返しとくんだぞ。

🎞 灯台下

⑤ **민우:** 이 등대가 내 묘지가 될줄은 몰랐는데.

⑥ **포주3:** 일로 와.
안놔 이거?

⑦ **포주2:** 이 자식이.

⑧ **춘자:** 안돼요.
따라오지 마이소.
선생님 가입시더.
선생님 가자는대로 다 가입시더.
따라오지 마이소.
그동안 고마웠어예.
언젠간 다시 만나겠지예.

ミヌ: この灯台が、俺の墓場になるとはな。

ヤクザ３: 来い。
放せっちゅうの。

ヤクザ２: この野郎。

チュンジャ: やめて！
ついて来ないで。
社長、行きましょう。
社長さんのいうとおりにしますから。
ついて来ないで。
これまでありがとう。
いつかまた会えるでしょう。

① 우도+까지+ㄴ、해안선(名【海岸線】)+을、따르다의Ⅲ、50+리(名数 …里)、길+이야。
「牛島までは海岸線に沿って50里の道だ。」(韓国の10里が日本の1里)

이대로(副 このまま)、걷다의Ⅰ+다가+는、해(名 陽)、지다(自 沈む)의Ⅱ+ㄹ무렵(不完名 ころ)+에+나、도착(名【到着】)+하다의Ⅰ+겠+다。
「このまま歩いたら日が暮れる頃にでも着くだろう。」

난、도저히(副【到底】とても(…できない))、못+걷다의Ⅰ+겠의Ⅲ。
「俺はとても歩けない。」

② 빨리+오다의Ⅲ。
「早く来て。」

③ 왕초。
「親分。」

자전거(名 自転車)、타다의Ⅱ+ㄹ+줄、알다의Ⅲ。
「自転車乗れる?」

④ 잠시、빌리다(他 借りる)의Ⅲ、타다의Ⅰ+는+거+지。
「しばらく借りて乗るんだぞ」

⑤ 이、등대(名【灯台】)+가、내、묘지(名【墓地】)+가、되다의Ⅱ+ㄹ+줄+은、모르다의Ⅲ+ㅆ의Ⅰ+는데。
「この灯台が俺の墓場になるとは思わなかったが。」

⑥ 일로(→이리+로)、오다의Ⅲ。
「こっちに来い。」

안+놓다의Ⅲ。
「放さないのか?」

⑦ 이、자식+이。
「こいつ。」

⑧ 안+되다의Ⅲ+요。
「だめです。」

따르다의Ⅲ+오다의Ⅰ+지 마이소(→말아요の方言)。
「ついてこないでください。」

선생님(名【先生】)、가다의Ⅱ+입시더(→ㅂ시다の方言、用尾 …しましょう)。
선생님、가다의Ⅰ+자+는+대로(不完名 〜次第、とおりに)、다、가다의Ⅰ+입시다。
「先生、行きましょう。先生の行こうというとおりに行きましょう」

따르다의Ⅲ+오다의Ⅰ+지 마이소。
「ついてこないでください。」

그+동안、고맙다의Ⅲ+ㅆ의Ⅲ+예(→요の方言)。
언제+ㄴ가+ㄴ、다시、만나다의Ⅰ+겠의Ⅰ+지+예。
「その間ありがたかったです。いつかまた会えるでしょう。」

⑨ **병태 :** 춘자씨.

⑩ **춘자 :** 가입시더.
　　　빨리 가입시더.
　　　병태씨예.
　　　따라오지 마이소.
　　　가입시더.

⑪ **포주1 :** 이거봐 안경쟵이.
　　　서울 올라오거든
　　　돈 가지고 와서 니 시계 찾아가.
　　　가자.

ビョンテ : チュンジャさん。

チュンジャ : 行きましょう。
　　　早く行きましょう。
　　　ビョンテさん。
　　　ついてこないで。
　　　行きましょう。

ヤクザ1 : おいそこの眼鏡。
　　　ソウルに戻ったら、
　　　時計を買い戻せ、それでチャラだ。
　　　帰るぞ。

⑨ 춘자+씨。
「チュンジャさん。」

⑩ 빨리、가입시더(→갑시다)。
「早く行きましょう。」

병태+씨+예、따르다의Ⅲ+오다의Ⅰ+지 마이소。
「ビョンテさん、ついて来ないで。」

가입시더(→갑시다)。
「行きましょう。」

⑪ 이거、보다의Ⅲ、안경、잽이(→잡이)。
「おい、眼鏡野郎。」

서울、올라오다(目 のぼってくる)의Ⅰ+거든、돈、가지다의Ⅰ+고、오다의Ⅲ+서、니、시계、찾아가다의Ⅲ。
「ソウルに上ってきたら金を持ってきてお前の時計を取っていけ」

가다의Ⅰ+자。
「行こう。」

字幕版と吹き替え版

　かつて VHS ビデオが主流だった時代には、字幕版と吹き替え版を両方見るなんて、相当奇特な人だけでした。ところが、より大きな容量のある DVD というメディアが普及したことで、字幕版と吹き替え版を比較しながら視聴するユーザーを想定したローカライズが行われるようになりました。

　字幕翻訳も吹き替え翻訳もやっている身から言わせてもらうと、こうした視聴はひとまず喜ばしいことです。なぜなら、字幕と吹き替え両方の面白さを味わってもらえるから。そして、さらなる翻訳の需要が生まれれば、食いっぱぐれるリスクが多少なりとも減るからです。そこでここでは、翻訳者の立場から両者の面白さをお話しします。

　まず、世の中には「字幕翻訳者」、「吹き替え翻訳者」というように、両者を違うスキルととらえる向きがあるようですが、私の感覚では、違う部分が3、相通じる部分が7。限られたスペース——字幕であれば字数制限、吹き替えであれば読み尺——の中で、作品の世界観を正しく再構成するという営み自体は、共通であると思います。意識すべきは、字幕は文字による、吹き替えは音声による情報伝達だという点です。この特徴さえ抑えれば、アウトプットの仕方も変わってくることが分かりますし、どう変えればいいかも分かってきます。

　もうひとつ、字幕と吹き替えで違う点は、原語が聞こえるか否かです。私は、想定する視聴者として、韓国語を解し、翻訳者お手並み拝見とばかり、字幕をチェックしながら見ている人——それは私の分身でもありますが——を想定しつつ、字幕をつけています。視聴者にとっては歓迎すべき「俳優の生の声」も、私にとっては、いかに字幕をその韓国語を聞きながら読んで違和感のないものにするか、頭を悩ます存在です。

　一方、吹き替え版は原語が聞こえません。やれやれ楽になったと思いきや、これはこれで恐ろしいことです。映像の構成要素は画と音です。字幕は画も音もある、完結した映像に対し補助的に付けるものです。これに対して吹き替えでは、原語は消され、我々が書いた台本を声優さんが読んだ、新たな音声が画に乗ります。いわば、元の作品とは似て非なる新しい映像制作に参加しているわけで、字幕と違うテンションで臨まなければいけないことは明らかです。私は「字幕で作っているのはデータであり、吹き替えで作っているのは本である」と思ってます。仮に必要な情報が伝わっても、読み物として読み応えがなければ、吹き替え台本は失敗です。

　「鯨とり」DVD 化では、マスターテープの仕様に問題があり、吹き替え版の制作を断念してもおかしくない状況でした。半ば無理やり吹き替え版を作ったのも、このような翻訳者の知られざるこだわりを、形にしておきたかったからです。楽しんでいただけましたら本望です。

Chapter 12

🎬 灯台の下

1. **춘자 :** 많이 아팠지예?
2. **민우 :** 사람살려!
3. **병태 :** 왕초. 왕초다!
4. **민우 :** 이거 빠질라고 그런다.
   하마터면 죽을뻔했네.
   어떻게 된거냐?
5. **병태 :** 갔어요.
6. **민우 :** 뭐 어디갔다고?
7. **춘자 :** 갔어예.
   왕초예.
8. **춘자 :** 어무이예. 어무이예.

チュンジャ：痛かったでしょ？

ミヌ：助けてくれー！

ビョンテ：親分、親分だ！

ミヌ：まずい、抜けそうだ。
おう、死ぬかと思った
で、ヤクザどもは？

ビョンテ：行ったよ。

ミヌ：何？　どこ行ったって？

チュンジャ：帰ったの。
親分たら。

チュンジャ：お母さん　お母さん。

🎬 チュンジャの家

9. **춘자 :** 어무이예. 어무이.

10. **춘자모 :** 아이고 춘자 아이가.
    니 왠일이고?
    와 이리왔노?
    내가 뭐라고 하드노.
    촌년이 서울에가서 취직하기가
    어디 그리 쉽드노.

チュンジャ：お母さん、お母さん。

母：あらま　チュンジャじゃないか。
どうしたの？
なんで戻ったの？
ほらね、母さんが言ったでしょ。
田舎者が都会に出て働くなんて
大変だって。

① 많이、아프다의Ⅲ+ㅆ의Ⅰ+지+예。
「随分痛かったでしょう？」

② 사람、살리다의Ⅲ。
「助けてくれ」

③ 왕초. 왕초다!
「親分。親分だ！」

③ 이거、빠지다의Ⅱ+ㄹ라고、그러다의Ⅱ+ㄴ다。
「こいつ抜けようとしてるぞ。」

④ 하마터면(副 あやうく)、죽다의Ⅱ+ㄹ 뻔하다의Ⅲ+ㅆ의Ⅰ+네。
「危うく死ぬところだったな。」

어떻게、되다의Ⅱ+ㄴ、거+냐。
「どうなったんだ？」

⑤ 가다의Ⅲ+ㅆ의Ⅲ+요。
「行きました。」

⑥ 뭐、어디、가다의Ⅲ+ㅆ+다+고。
「何、どこ行ったって？」

⑦ 가다의Ⅲ+ㅆ의Ⅲ+예。
「行きました。」

왕초+예。
「親分たら」

⑧ 어무이+예. 어무이+예。
「お母さん、お母さん」

⑨ 어무이+예、어무이。
「お母さん、お母さん」

⑩ 아이고、춘자、아이가。
「あれま、チュンジャじゃないか。」

니、왠일+이다의Ⅰ+고(나의 方言)。
「お前、どうしたんだ？」

와(→왜의 方言)、이리、오다의Ⅲ+ㅆ+노。
「なぜこっちに来たの？」

내+가、뭐+라고 하다의Ⅰ+드(→더의 方言)+노。
「私が何と言った。」

촌(名 村)+년+이、서울+에、가다의Ⅲ+서、취직(名 就職)+하다의Ⅰ+기+가、
어디、그리、쉽다의Ⅰ+드+노。
「村の女がソウルに行って就職することがどこがそんなに簡単なのか。」

일자리(名 職場)、못、얻다의Ⅲ+ㅆ+제。
「仕事が見つからなかったでしょう？」

일자리 못 얻었제?
니 꼴이 이기 뭐꼬?
보자.
무슨 일이 있었드나?

うまくいかなかったのね？
その格好は何よ？
どれ。
何かあったのかい？

⑪ **춘자**：없었어예.

⑫ **춘자모**：기래.
아무일도 없었으면 됐다.
니 덕분에 서울 안경 안써보나.
기래. 서울은 어떻드노?
참 좋제 잉?

チュンジャ：なかったわ。

母：そう。
無事だったならそれでいい。
これがソウルで売ってる眼鏡かい。
それで、ソウルはどうだった？
いいところでしょ？

⑬ **춘자**：야.
좋았어예.

チュンジャ：ええ。
いいところよ

⑭ **춘자모**：이젠 애미하고 소나 키우며
살자.

母：ここで母さんと、牛を飼って暮らそう。

🎬 チュンジャの家の外

⑮ **병태**：춘자는 고향을 떠날때
벙어리가 아니었어요.
이 세상이 그 애말을 빼앗었던거 뿐이에요.

⑯ **민우**：그 빼앗겼던 말을
니 사랑이 되찾아준거지.
넌 이제 병태가 아니야.
야 병태야.
너 고랠 잡았니?

ビョンテ：チュンジャは　もともと
口がきけたんだ。
世の中が言葉を奪っていただけで。

ミヌ：奪われてた言葉を
お前の愛が取り戻した。
お前も捨てたもんじゃない。
なあビョンテ。
鯨は、捕まえたか？

니、꼴(名 ざま)+이、이기、뭐꼬?
「お前の格好は何よ?」

보다의 I+자。
「見よう。」

무슨+일+이、있다의 III+ㅆ+드+나?
「何かあったの?」

⑪ 없다의 III+ㅆ의 III+예。
「ありませんでした。」

⑫ 기래(→그래の方言)。
「そうか。」

아무+일+도、없다의 III+ㅆ의 II+면、되다의 III+ㅆ+다。
「何事もなかったらよかった。」

니、덕분(名 おかげ)+에、서울、안경、안+쓰다의 III+보다의 I+나。
「お前のおかげでソウルの眼鏡をかけてみるじゃないか。」

기래、서울+은、어떻다의 I+드+노。
「そうか。ソウルはどうだった?」

참、좋다의 I+제。
「とてもいいでしょう?」

⑬ 야(→예の方言)
「はい。」

좋다의 III+ㅆ의 III+예。
「よかったです。」

⑭ 이제+ㄴ、에미(名 母)+하고、소+나、키우다(他 育てる)의 II+며(用尾 …しながら)、살다의 I+자。
「これからはお母さんと牛でも育てながら暮らそう。」

⑮ 춘자+는、고향+을、떠나다의 II+ㄹ 때、벙어리+가、아니다의 III+ㅆ의 III+요。
「チュンジャは故郷を発つ時、聾唖じゃありませんでした。」

이、세상+이、그、얘、말+을、빼앗다(他 奪う)의 III+ㅆ의 I+던+거、뿐+이다의 III+요。
「この世間がその子の言葉を奪っただけです。」

⑯ 그、빼앗기다(他 奪われる)의 III+ㅆ의 I+던、말+을、니、사랑+이、되찾다(他 取り戻す)의 III+주다의 II+ㄴ、거+지。
「その奪われていた言葉をお前の愛が取り戻してやったんだ。」

너+ㄴ、이제、병태+가、아니야。
「お前はもうビョンテじゃない。」

야、병태+야。
「おい、ビョンテ。」

너、고래+를、잡다의 III+ㅆ의 I+니。
「お前、鯨を捕まえたか?」

⑰ **병태**：고랜 내 마음 속에 있었어요.
　　내가 저애하고 결혼하겠다는건
　　위선이었어요.
　　누구를 위한다는 생각 자체도
　　거짓이었구요.
　　아까 신나게 얻어맞을때
　　그걸 깨달았어요.
　　내가 그애한테 바라는 건
　　아무것도 없어요.

⑱ **민우**：춘자는 고향에 와서야
　　비로소 꿈에서 깨어난거야.
　　하지만 꿈은 곧 잊혀지지.
　　그리고 병태 넌 춘자의 마음속에
　　예쁜 고래로 남아있을거야.
　　자 우리들의 고향으로 돌아가자.

⑲ **병태**：그래요, 왕초.

⑳ **춘자**：병태씨예.
㉑ **병태**：따라오지마.

㉒ **병태**：따라오지 말라니까.

㉓ **병태**：봄이 되면 다시 올게.
㉔ **춘자**：기다릴게예.
　　왕초예.

㉕ **민우**：왜 벙어라.

ビョンテ：鯨は、自分の中にいたよ。
　　彼女と添い遂げようだなんて、
　　偽善だった。
　　誰かのためという考え方も
　　傲慢だった。
　　ヤクザに殴られてる時に悟ったよ。

　　僕は彼女に何も求めていない。

ミヌ：チュンジャはここに来て
　　やっと夢から覚めた。
　　夢は、じきに忘れられる。
　　そしてお前はチュンジャの中で、
　　すてきな鯨であり続ける。
　　さあ　俺たちも家に帰ろう。

ビョンテ：そうだね、親分。

チュンジャ：ビョンテさん。
ビョンテ：ついて来るな。

ビョンテ：ついて来るなって。

ビョンテ：春にまた来るよ。
チュンジャ：待ってるから。
　　親分さん。

ミヌ：何か用か？

⑰ 고래+는、내、마음、속+에、있다의Ⅲ+ㅆ의Ⅲ+요.
「鯨は僕の心の中にいました。」

　내+가、저+애+하고、결혼、하다의Ⅰ+겠+다+는+거+ㄴ、위선(名 偽善)+이다의Ⅲ+ㅆ의Ⅲ+요.
「僕があの子と結婚するというのは偽善でした。」

　누구+를、위한다(他 為にする)+는、생각(名 考え)+자체(名 自体)+도、거짓+이다의Ⅲ+ㅆ+구+요.
「誰かのためだという考え自体も嘘でした。」

　아까、신나다(形 楽しい)+게、얻다의Ⅲ+맞다의Ⅱ+ㄹ+때、그거+ㄹ、깨닫다(他 悟る)의Ⅲ+ㅆ의Ⅲ+요.
「さっき思いきり殴られてる時それを悟りました。」

　내+가、그+애+한테、바라다의Ⅰ+는+거+ㄴ、아무+것+도、없다의Ⅲ+요.
「私がその子に望むことは何もありません。」

⑱ 춘자+는、고향+에、오다의Ⅲ+서+야、비로소(副 ようやく)、꿈(名 夢)+에서、깨다(自 覚める)의Ⅲ+나다의Ⅱ+ㄴ+거+야.
「チュンジャは故郷に来てようやく夢から覚め出たんだ。」

　하지만(接 けれども)、꿈+은、곧、잊혀지다(自 忘れられる)의Ⅰ+지.
「けれども夢はすぐに忘れられるだろう。」

　그리고、병태、너+ㄴ、춘자+의、마음、속+에.
「そしてビョンテ、お前はチュンジャの心の中に」

　예쁘다의Ⅱ+ㄴ、고래+로、남다의Ⅲ+있다의Ⅱ+ㄹ+거+야.
「きれいなクジラとして残っているだろう。」

　자、우리+들+의、고향+으로、돌아가다의Ⅰ+자.
「さあ、俺たちの故郷へ戻ろう。」

⑲ 그래요、왕초.
「そうだね、親分」

⑳ 병태+씨+예.
「ビョンテさん。」

㉑ 따르다의Ⅲ+오다의Ⅰ+지마.
「ついてくるな。」

㉒ 따르다의Ⅲ+오다의Ⅰ+지、말다의Ⅱ+라+니까.
「ついてくるなってば。」

㉓ 봄(名 春)+이、되다의Ⅰ+면、다시、오다의Ⅱ+ㄹ게.
「春になったらまた来るから。」

㉔ 기다리다의Ⅱ+ㄹ게+예.
「待ちますから。」

　왕초+예.
「親分。」

㉕ 왜、벙어라.

㉖ **춘자** : 왕초는 뭐하는 사람이라예?
　　　　내내 그게 궁금합디더.

㉗ **민우** : 정말 알고 싶니?
㉘ **춘자** : 야.

민우 : 얼씨구 씨구 들어간다.
…

チュンジャ : 親分は、何してる人なの？
それが、ずっと気になってました。
ミヌ : そんなに知りたいか？
チュンジャ : はい

ミヌ : オルシグ シグ トゥロガンダ

「何だ、聾唖。」

㉖ 왕초+는、뭐+하다의 ㅣ+는、사람+이라예（→이에요의 방언）。
「親分は何してる人ですか？」

내내（副 いつまでも）、그게、궁금하다（形 気がかりだ）의 ㅣ+ㅂ디다（用尾 …していました）
「ずっとそれが気になっていました。」

㉗ 정말、알다의 ㅣ+고 싶다의 ㅣ+니？
「本当に知りたいか？」

㉘ 야。
「はい。」

「ナドヤ　カンダ」と「別離」

　「鯨とり」の音楽は、ビョンテ役のキム・スチョルが担当しています。彼はもともとミュージシャンですので、こちらが本業。映画音楽も「西便制」や「太白山脈」など数多く手がけています。DVDに特典映像として収録されているインタビューでも、音楽担当として見たこの映画のコンセプトを聞いています。

　「鯨とり」の挿入歌には、歌詞がある曲が2曲あります。ソウルを抜け出すシーンで流れる「나도야 간다（ナドヤ　カンダ）」と、極寒の中を峠まで歩いていくシーンで流れる「별리（別離）」です。

　「ナドヤ　カンダ」は、映画のために書き下ろした曲で、映画のヒットを受け彼の代表曲となりました。文法的に見るべきは、曲名でもある「나도야 간다」の**야**の用法です。基本は「나도 간다」ですが、**도**のあとに呼びかけを表す**야**が入ることで、皆に呼びかけるニュアンスが加わります。似た単語としては、複数を表す**들**などがあります。「**안녕들 하십니까**」というと、複数の人に**안녕하십니까**と呼びかける感じになります。「**못 다쓴**（書ききれなかった）」「**꽃 한송이**（花一輪）」などは、キム・スチョルの他の歌詞にも見られる、お気に入りフレーズのようです。

　そして、「別離」。これは韓国の伝統音楽の音階を導入した、「国楽歌謡」第一号と言われる曲で、歌詞にも時代劇に出てくるような古めかしい表現が使われています。例えば2行目の「**물이로다**」は、現代語では「**물이다**」「**물이구다**」などに当たる、古めかしい表現です。6行目の「**로세**」も同様です。こうしたニュアンスをどう出そうと考えた末、あえて女性言葉で訳してみました。（ただし、**님**という二人称は男性にも女性にも使えます）。

　3行目の「**마지못해 가라시면 아니 가지는 못하여도**」などは、試験に出そうなポイント。**가라시면**で省略を正しく補ったり、**아니 가지는 못하여도**の解釈を間違わないように。

　何より大事なのは、字面を追うのではなく、画を頭に思い浮かべることです。リフレインの「**내 못가도 내 못가도**」を「そばにいられない私に代わって」と訳すのは、「**구구만리 떨어진 곳**」で「**님을 살펴주소서**」と天に願う人の気持ちで日本語にしているから。韓国語を読み／聞き、その光景を頭の中で思い描き、日本語でアウトプットする。そして、インプットとアウトプットの精度を高めるべく、韓国語と日本語の研鑽に励む——もしあなたが映像翻訳でもやろうと思ったら、そういう意識で勉強してください。

　蛇足ながら、私が音楽を聴く際、歌詞は結構重要なポイントです。内容はもちろん、言葉選びや音像、メロディとの調和などなど。独断と偏見ではありますが、歌詞が味わい深い韓国のミュージシャンとして3人、ソン・チャンシク（**송창식**）、オットンナル（**어떤날**）、キム・グァンソク（**김광석**）をお勧めしておきます。

あとがき

　韓国の映画やドラマが、日本人の生活にこんなにも身近になるなんて、20年近く前から韓国に携わってきた人間からすると、隔世の感があります。書店には、グラビアページが満載の「完全ガイドブック」が並び、映画やドラマのシナリオブックも目に留まるようになりました。
　映像が世にあふれる今、これを韓国語学習に活用しようと考える人は少なくないでしょう。しかし、いざやってみると、なかなか体系的な学習に結びつかないもの。この難関に私なりに挑戦したのが本書です。
　また、「鯨とり」は青春映画であり、若い人が観た時に真価を発揮する作品だと思います。若い人にこの映画を観てもらうという観点からも、韓国語学習と結びつけられたことは、大きな意味がありました。「鯨とり」を観て感動する、そんな知性と感性を持った若者が増えることを願ってやみません。実は、こうした本を作ろうとした発端は、西ヶ原字幕社の人材育成という、極めて実用的な目的からでした。うちに履歴書を送るのは、このくらいのことが当たり前にできるようになってからにしろ、という意味で、韓国語と韓国事情についてレクチャーする講座を作ろうと考え、そのテキストとして書き始めたのが最初です。ところが、DVD の宣伝をするうち、この解説本に興味を持ってくださる方が意外に多く、一般向けの語学教材として出版する方向で企画を練り直しました。
　とはいえ、当初の目的も忘れてはいません。2012 年の秋頃から、西ヶ原字幕社で、韓国語講座ならぬ「韓国講座」を開講しようと考えています。本書をテキストに、言葉はもちろん、政治、経済、社会、文化、歴史、ロックなどなど、少なくとも西ヶ原字幕社で映像翻訳をするにあたって知っていなければいけない、すべてのことをレクチャーします。ウェブを活用するなどして、地方在住の方にも受講できるよう工夫しますので、ご期待ください。ご関心をお持ちの方は、西ヶ原字幕社のホームページで。
　最後になりましたが、本書を世に出してくださった白水社の堀田真氏に深く御礼申し上げます。

林原圭吾
http://jimakusha.co.jp/

DVD『鯨とり』発売元：西ヶ原字幕社
http://jimakusha.co.jp/

脚本
崔仁浩（チェ・イノ）

編訳注
林原圭吾（はやしばら けいご）
　東京外国語大学朝鮮語学科卒業
　一橋大学大学院博士後期課程中退
　西ヶ原字幕社代表

鯨とり　対訳シナリオで学ぶ韓国語
　　　　　　　　　2012 年 2 月 20 日　　印刷
　　　　　　　　　2012 年 3 月 10 日　　発行

　　　　　　編訳注 Ⓒ 林　原　圭　吾
　　　　　　発行者　　及　川　直　志
　　　　　　印刷所　　株式会社理想社

　　　　　101-0052 東京都千代田区神田小川町 3 の 24
発行所　　電話 03-3291-7811（営業部）, 7821（編集部）　株式会社　白水社
　　　　　http://www.hakusuisha.co.jp/
　　　　　乱丁・落丁本は送料小社負担にてお取り替えいたします。

振替 00190-5-33228　　　　Printed in Japan　　　加瀬製本

ISBN978-4-560-08588-2

Ⓡ〈日本複写権センター委託出版物〉
　本書の全部または一部を無断で複写複製（コピー）することは、著作権法上での例外を除き、禁じられています。本書からの複写を希望される場合は、日本複写権センター（03-3401-2382）にご連絡ください。

▷本書のスキャン、デジタル化等の無断複製は著作権法上での例外を除き禁じられています。本書を代行業者等の第三者に依頼してスキャンやデジタル化することはたとえ個人や家庭内での利用であっても著作権法上認められていません。

実力アップを目指す方に！

■高島淑郎 著

書いて覚える 中級朝鮮語

CD付

韓国・朝鮮語のロングセラー入門書『書いて覚える初級朝鮮語』の待望の中級編．シンプルな文法説明と豊富な練習問題を通して実力アップを目指します．語尾の攻略が大きなカギ． （2色刷）Ｂ５判　127頁

自然な日本語を伝わる韓国語へ

■前田真彦／山田敏弘 著

日本語から考える！ 韓国語の表現

韓国語のプロと日本語のプロが力を合わせた画期的な一冊．文法だけではわからない日本語との発想の違いを楽しみながら，日本語の自然な表現を韓国語にしていく過程を伝授します．　　　四六判　165頁

韓国語Ｅメールの決定版！

■白宣基／金南听 著

Ｅメールの韓国語

韓国語のＥメールは，相手との上下関係や距離感によって敬称や語尾をつかい分けることがポイント．ハングルの入力方法から，様々な場面における文例と関連表現までを丁寧な解説で．　　　Ａ５判　185頁